求關注、求分享、求被愛！

為什麼我們會變得誇大、自戀，渴望被崇拜？「做作與自戀型人格」社會觀察報告

自分を「平気で盛る」人の正体

和田秀樹——著
林仁惠——譯

前言

回顧二〇一四年，如STAP細胞造假事件（事實上，我還無法斷定是否真有造假。因為最後似乎是以「造假」落幕，所以才如此稱之）、著名音樂家冒名頂替作曲事件等的爆發，這些靠「捏造」自身成就獲得頂尖頭銜者，因為事跡的敗露而成了多數談話性節目所談論的話題。這些人不僅曾盛大召開記者會，再加上數名精神科醫師也針對同一年被爆發挪用政務經費的兵庫縣議員（當時）野野村竜太郎的嚎啕大哭記者會，提出「做作型人格障礙（histrionic personality disorder）」的論點，而讓這個詞彙眾所熟知。

不僅如此，二〇一六年三月，《週刊文春》揭穿夏恩K（Sean McArdle

Kawakami）偽造學經歷，又讓「捏造」蔚為話題。對於夏恩K，雖然有網友質疑「這是做作型人格障礙吧？」但我倒不這麼認為。有關這部分，本書將會做詳盡的說明。無論如何，這數年來，善於自我推銷，期望透過「捏造」自我或「誇大」自我來美化自己的人，確實越來越容易鬧出問題。

另一方面，多數日本人都得面對明明「深藏不露」原本是種美德，但若不懂得自我推銷，就無法贏得選戰、出人頭地，甚至還可能成為裁員對象的現實。

再者，以紙筆測驗定勝負的入學考試，目前已有五成學生是經由包含附屬高校直升在內的推薦甄選或AO考試入學；而更有諮詢報告書提出，未來自二〇二一年春季入學考試開始，包含東大入學考試在內，所有大學通通都要採取AO考試。

這意味著相較起學力，懂得美化自己的人將更占有優勢。我之所以反對所有的大學都採取ＡＯ考試，除了擔心學生的學力下滑外，在海外一般都是由大批專員或專業面試官組成招生事務處（Admissions Office，這正是ＡＯ一詞的由來），然而，日本卻是由堪稱面試門外漢的大學教授來進行面試，實在很難想像他們會有能力應付學生的「誇大」表現。

如此，這個時代就此讓「愛誇大」者可輕易藉由美化自己得利，而置不懂得美化自己的人於不利。因此，做作型人格者（本書對此將有詳盡的解說。做作型人格障礙是一種心病，做作型人格則是一種人格特質）反倒更容易在這個時代生存。

正因為有這一層背景，我認為做作型人格者今後將會不斷增多。實際上，在ＳＮＳ（Social Network Services，社群網站。）的世界中，「誇大」自我早已成了常態。當然，渴望美化自己的心態任誰都會有，就連我也自覺到自己是個具有強烈自我美化意識的人。不過，這般心態的表現如今卻更上層樓了。

一旦如此，除了得加強磨練自我推銷的能力外，面對對「誇大」自我毫無抵抗力者，也得具有某種程度的免疫力（雖說這是醫學專有名詞，但請各位按一般含義來理解），以及不會被「誇大」資訊所迷惑的素養。

至少各位讀者若能對近年來不斷增多的「愛誇大」者的實況有所了解，懂得與之應對的要領，那麼，對筆者而言這便是莫大的榮幸了。

二〇一六十一月
和田秀樹

目錄

第五章　既多元化又不斷增多的「愛誇大」者

序章

夏恩K風波中浮現而出的「愛誇大」者

轟動媒體的「愛誇大」者

「毫不在乎誇大」自己的人變多了

「渴望過度美化自己的『做作型人格』者與日俱增。如今已進入由這些人當主角，一般人容易受騙的時代！」

正因為如此岌岌可危的未來想像圖浮現在我腦海中，所以，我在二〇一四年十二月出版了《世上最容易受騙的日本人》（世界一騙されやすい日本人，Bookman社）一書。

我十分擔心與日俱增的「渴望過度美化自己」的人們，亦即「愛誇大」者們，以及輕易相信他們的人們——由這兩種人交織而成的社會即將到來，因而想事先提出警告。

在那之後，過了兩年，我感覺到「愛誇大」者人數攀升的越發顯著。換言之，現在這個社會已成了「誇大」有理的社會。

事實上，在許多人所使用的臉書、推特、Line 或是 Instagram 等ＳＮＳ的世界中，誇大自我早已成了常態。

好比說，上傳第一次去吃的高級餐廳午餐的照片，同時附上彷彿自己是常客的留言；或是上傳在街頭拍攝的古典音樂會海報照，佯裝自己去聆聽了該場音樂會；又或是在部落格張貼自己書桌上擺著英文報紙的照片，故意表現出「愛現」的一面……等，像這類的事已是家常便飯。

或許有人會說：「這只是稍微裝模作樣一下。」「這只是兒戲，無傷大雅。」甚至還會有人認為，人多少都具有想美化自己的心理，因此面對這般程度的「誇大」，無須過度反應。

然而，即便本人自認為這只不過是「稍微誇大了些」，由於這並非真實，一旦真相大白，勢必會有人覺得自己受了騙。

「咦？你不是常去吃高級餐廳嗎？」「你不是喜歡古典樂嗎？」「你不是看得懂英文報紙嗎？」諸如此類的反應。

當事人若非個人，而是媒體或大企業，甚至還可能引發極大的社會問題。

例如，二〇〇七年一月所播放的《發掘！真有其事大事典II》（発掘！あるある大事典II，關西電視台）電視節目，宣稱納豆對減肥很有效，造成全國超市的納豆售罄、缺貨。後來，經過電視台的內部調查，被爆出數據作假，該節目遭到停播。

實際上沒做任何有關膽固醇值或血糖值等的檢測，就在節目中宣稱食用納豆有助於改善數值，內容可說是在弄虛作假。不過，所謂的電視節目，作秀本是常態；因此，對該節目的製作單位而言，這或許也只是針對原本就眾所熟知的「納豆有益健康」的概念，「稍微誇大」了「減肥效果」。

話雖如此，一旦真相大白，接受了這般說法的一方自會覺得「受了騙」。事實上，這件事爆出問題後，電視台便收到觀眾蜂擁而至的客訴，被逼得不得不停播該節目。顯見觀眾被蒙騙的怒火是非比尋常的。

再者，讓人記憶猶新的三菱汽車篡改油耗數據事件，也可說是「誇大」數據的一例。這件事最後也以補償與賠償問題作收，並未只停留在數據「誇大不實」的階段。

不僅如此，二〇一六年五月，三菱汽車更是公開表明公司將被日產收購，再次凸顯出「誇大」的嚴重性。

欺瞞世人的「愛誇大」者事件簿

上述事件可說是媒體或企業「誇大」所震撼社會的實例。而這數年來，世人遭到個人「誇大」所蒙蔽的事件也層出不窮。

好比說，STAP細胞問題的小保方晴子、冒名頂替作曲事件的佐村河內，以及因為嚎啕大哭記者會而出名的前兵庫縣議員野野村竜太郎等，都是其中一例。

或許有些人已不大記得這些事件，我在此帶大家簡單回顧一下。身為理研（理化學研究所）研究員的小保方，於二〇一四年一月在英國科學期刊《自然》（*Nature*）

上，以第一作者名義發表了有關新型萬能細胞STAP細胞的研究論文，一舉躍為「理科女之星」，備受矚目。但是，後來卻因為一再有人質疑其論文中的照片造假，以致於論文遭撤回，甚至還召開了道歉記者會，受到高度關注。

而佐村河內則是被美國《時代》（*Time*）雜誌喻為「現代貝多芬」，也曾在NHK電視節目中介紹他是原爆第二代的全聾天才作曲家，十分受人注目。不過，身為佐村河內的影子作曲者，為他實際創作出一系列作品的音樂講師新垣隆，於二〇一四年二月，在週刊雜誌及電視上坦承真相後，引起社會上極大的關注。不僅如此，佐村河內自稱全聾一事，更被爆出他的耳朵其實聽得見。為此，佐村河內剪去一頭長髮、剃掉鬍子，以截然不同的風貌召開記者會的作法，頓時也蔚為話題。

至於野野村，為了擅自挪用政務經費的問題，於二〇一四年召開記者會說明時，竟在記者會上嚎啕大哭，此舉因而成為熱門話題，甚至連國際媒體也爭相報導。野野村雖於同年七月表明要辭去議員職務，但仍被以詐欺罪名起訴。二〇一六年七月，神戶地方法院宣判他「三年有期徒刑，緩刑四年」。

無論是哪一位，都讓人留下強烈的印象，更有數名精神科醫師表示：「這大概是做作型人格障礙吧。」

就我所知，針對小保方晴子提出看法的是熊木徹夫醫師，針對佐村河內提出看法的是香山理香醫師，而針對野野村提出看法的則是町澤靜夫醫師。

所謂的做作型人格障礙，是名為人格障礙的一種精神障礙。

人格障礙，誠如字面上的意思，是一種源自人格，亦即由認知模式、情感或人際關係等所引發的各種問題，導致患者難以適應社會或融入周遭人群。根據美國精神醫學學會所出版的《精神疾病診斷及統計手冊第五版》（*DSM-5*）指出，人格障礙可分成「邊緣型人格障礙」、「反社會人格障礙」、「自戀型人格障礙」、「做作型人格障礙」、「強迫型人格障礙」、「迴避型人格障礙」、「依賴型人格障礙」……等十種類型。

至於方才所提及，鬧得社會沸沸揚揚的那三個人，被懷疑是否患有做作型人格障礙，則可看出「自己沒受到關注就會不開心」、「與他人的互動存有近乎不恰當的引誘或挑撥」、「情緒表現淺薄，變化無常」、「發言風格過度不精確，且缺乏細節」、「自我戲劇化」，以及「態度誇張」等特徵。

簡言之，做作型人格障礙患者，總是「渴望自己就是主角」。不過，在現實中，若沒有讓精神科等專業醫師直接跟當事人會談診察，無法正確判斷是否真的患有人格障礙這種精神疾病。

再者，即便是專業醫師，單單只靠一次的診察也難以做出判斷。因此，僅透過善於塑造形象的媒體所提供的資訊，是無法斷定這些人是否真的患有人格障礙這種精神疾病。說得更明白些，縱使人格有所偏差，若沒為當事人帶來痛苦，或造成社會及職場上的障礙，就不能斷定這是一種人格障礙。

話雖如此，就算沒有嚴重到變成人格障礙的地步，具有這般人格傾向的人肯定也不少。

例如，方才提到的《精神疾病診斷及統計手冊第五版》中，作為邊緣型人格障礙診斷準則之一的特徵——「不適當且強烈的憤怒，或對憤怒難以控制（如時常發脾氣、總是發怒、一再地肢體衝突）」便是一例。即便不像瘋瘋癲癲的阿寅跟章魚廠長[1]吵得那麼劇烈，但是，社會生活規律卻老是在發脾氣，或是動不動就愛生氣，在我們生活周遭確實都會有一、兩位像這樣的人。

換言之，雖然不能說是精神病患，但在性格中具有人格障礙特徵的人，可說是相當普遍。

同理，誠如先前所舉例的小保方、佐村河內，以及野野村，縱使無法斷定他們患有做作型人格障礙，從媒體的資訊中，還是可以看出他們的言行舉止具有做作型人格障礙的特徵。

因此，本書將針對非做作型人格障礙者，卻具有做作型人格障礙者之特徵的人們，亦即**近似**做作型人格障礙的人們，以「做作型人格」、「善於演出者」及「做作型」等表現稱之。

另外，自戀型人格障礙在「渴望受到關注」及「想成為主角」的部分，也跟做作型人格障礙很相似；因此，本書針對**近似**自戀型人格障礙的人們，同樣也以「自戀型人格」、「強烈自戀者」及「自戀型」等表現稱之。

不僅如此，有關這兩種人格障礙，我將會在第一章做出詳盡的說明。

1 譯注：二人均為日本喜劇電影《男人真命苦》中的角色。

自戀型的川普與做作型的舛添

做作型者與自戀型者都是屬於愛出風頭、「渴望自己就是主角」的類型。好比說，如美國共和黨總統候選人[2]的房產大亨唐納・川普（Donald Trump）那般，認為「沒人比我更偉大」的傲慢自大狂，與其說是做作型人格，實則更偏向自戀型人格。

有人認為傲慢自大狂很惹人厭，想必難以成為主角。但想不到在美國，如川普這般類型的人卻出乎預料地大受歡迎。

說到川普，他的狂言及失言相當出名。例如，「墨西哥移民都是麻藥走私犯、罪犯和強姦慣犯」或「應當禁止所有的伊斯蘭教徒入境」等這類帶有種族歧視、宗教歧視的發言，又如對女性的歧視等，他曾多次口出狂言而再三遭到媒體的批判。即便如此，支持者還是不斷增加。本書執筆時，媒體已開始對川普展開猛烈抨擊，雖然多少打擊了他的人氣，但川普就此成為矚目的焦點倒也是事實。

川普究竟為何會如此受歡迎？我認為原因在於美國國民對強悍領導者的崇拜心

理。

那麼，現任的歐巴馬總統[3]是否就是個既軟弱又無能的領導者？我們無法一概而論。假如美國這國家變弱了，那又另當別論。不過，無論是在軍事還是政治影響力上，美國仍可說是個強國。

甚至在經濟能力上，眼看日本正為經濟的長期蕭條苦惱不已，而歐洲也好不到哪裡去，美國卻已從雷曼事件中逐漸恢復，而且工資也上漲了。所以說，其經濟政策也沒那麼糟。

如此看來，歐巴馬總統並非一般所謂的無能總統。然而，他幾乎沒有給人「強悍」的印象。他看似充滿知性，卻讓人感覺不到自信。至少他不是屬於「沒問題，包在我身上」的類型。

有關這一點，川普便擁有歐巴馬所沒有的「強悍」。他的這份**強悍**，以自戀型人格者誇張的自大傲慢表現出來，媒體甚至揶揄他是「狂言大王」，並非「房產大

2 譯注：本書日文版出版日期為二〇一六年十一月。
3 同2。

亨」。但對支持者而言，川普這般「跟著我就對了！」的強勢作風，正是其魅力所在。

從崇拜強悍的現象中，我們也可看出多數的美國國民儼然已喪失了自信。因為人會從他人身上追求自己所沒有的。

說美國的經濟強盛，事實上也只限於金融和IT產業；由於美國製品敵不過海外製品（川普為此還主張要保護本國製品及廢除自由貿易等而廣受好評），相較起以前那個強悍的美國顯然已相差甚遠。結果，反倒因為多數國民變窮困，所以才會在屢次破產再起的大富豪川普身上，感受到強悍的氣勢吧。

再者，美國即便擁有世界第一的軍力，卻無法取得伊拉克的權益，還放任中國在南海胡作非為；看來，說不定連軍事的強悍也讓人喪失了自信。

正因為喪失了自信，美國國民才會被川普所提出的「Mark America Great Again!（讓美國再次偉大！）」強力口號所吸引。

具有崇拜強悍者傾向的，並非只有美國。在日本，看似強悍的人也很受歡迎。好比說，安倍晉三總理、前大阪市市長橋下徹，或是前東京都知事的石原慎太郎等，都是一例。至於已故的田中角榮前總理，之所以也展現出了復權的氣勢，或許就是基於這般的心理作用。

當然，這也可說是因為社會貧富差距的惡化，導致失敗者遽增，才會如此崇拜強者們。

對於薪資下滑、零用金減少，必須揮汗工作才有辦法生存的上班族而言，縱使現在已進入出國便宜化的時代，仍舊很難來趟優雅的海外旅行。

在這般時勢下，坐享其成的人自是更容易受到抨擊。前東京都知事的舛添要一，之所以會被社會圍剿的主要原因之一，就是他用都民所繳的稅金進行海外出訪時，總是搭乘頭等艙或住宿總統套房等，錢花得極其「奢侈」。

例如，二〇一四年七月去韓國進行三天兩夜的訪問，約花費了一千萬日圓的經費；而二〇一五年從十月跨到十一月，去倫敦、巴黎進行七天五夜的訪問，更是花費了約五千萬日圓的經費。

假如這是處在如泡沫時期那般，人人都富裕到視飲酒作樂為常態的時代，哪怕是搭乘頭等艙還是住總統套房，也不會被雞蛋裡挑骨頭，大概只會認為：「這真是個拿他沒辦法的傢伙」便了事。

如此想來，舛添的奢侈海外出訪，以及拿政黨補助金假公濟私的作法雖然已成問題，卻沒有像接受某企業賄賂，礙於五千萬日圓的選舉資金問題而辭職的豬瀨直樹前都知事那樣，被依違反公職選舉法遭到起訴。

不過，針對舛添為了說明政治資金問題而召開的記者會，在網路上所發出的緊急問卷（體育日本）中，有九九．一％的人表示「無法認同。」並且對於「都知事是否該辭職？」的問題，也有九七．四％的人表示「應當辭職。」

甚至在二〇一六年六月的都議會中，更有議員說了這樣的話：「幾天前，我參加了在我的選區——品川區所舉辦的活動，當地對於都知事的不支持率是百分之百。這是都民的心聲，都知事應當謙虛接受才是。」

百分之百的不支持率！這根本可說是如法西斯主義那般，前所未見的數字了。

我在此舉了川普與舛添為例。川普誠如所述，是個自戀型者；而舛添或許是失去了成為東大教授的可能性吧，不僅在《討論到天亮！》（朝まで生テレビ！，朝日電視台）節目中醒目亮相，之後還透過媒體不斷自我推銷。由此看來，說他是戲劇類型者也不為過。

先前曾說過，做作型者具有渴望受人關注的強烈傾向。由於這已成了一種人格，因此當事人並不會覺得自己的表現有何不對之處。不過，若是看了舛添在說明政黨補助金問題的記者會上那副毫不在乎的態度，也可說是做作型特徵的表現。

從夏恩K風波中窺見日本人的弱點

善用媒體的做作型者

舛添利用媒體提高知名度，終於從政治學者成功轉型為政治家。如此從批判政治的角色轉換到接受批判的角色，結果卻因為飽受批判而下台，落得事與願違的下場。

話雖如此，做作型者「期待受到關注」的渴望，或許已從中獲得了滿足。

同理，先前所提到的小保方及佐村河內也是如此。即便他們都召開了記者會說明或道歉，卻也讓人留下了他們是利用這種場合來滿足做作型者「想成為主角」渴望的印象。

尤其是小保方，暫時沉寂了一段時間後，後來又改變態度，於二〇一六年一月出版了手札《那一日》（あの日，講談社），成為銷售量達二十六萬冊的暢銷書，更於同年五月在女性雜誌《婦女公論》（婦人公論）中，與瀨戶內寂聽[4]進行特別對談，再次受到矚目。

因此，我們也可以這麼說，受到事件爆發當時的激烈抨擊而遠離媒體的小保方只是做做樣子，最後還是再次利用了媒體來滿足自己「期待受到關注」、「想成為主角」的渴望。

說到這一點，或許也會有人聯想起二〇一六年被媒體熱烈炒作的脇坂英理子醫師和夏恩K。

有「性感女醫」之稱的脇坂，不僅自己開診所，也兼差當藝人。她曾在綜藝節目中公開表示自己愛去牛郎店揮霍，甚至跟超過八百名男性有過性關係，成為一時的話題人物。不過，後來卻因捲入與暴力集團牽涉的謊報醫療報酬事件中，依詐欺

4 譯注：日本小說家，亦為天台宗的尼僧。一九二二年生於德島，曾榮獲多項文學獎，並於二〇〇六年獲頒文化勳章。

之嫌遭到逮捕，並於二〇一六年七月被判處「三年有期徒刑，緩刑四年」。

另外，夏恩K，亦即夏恩・麥卡德爾・川上（本名為川上伸一郎），則於二〇〇九年以年收三十億日圓的管理顧問粉墨登場，之後便時常在《報導STATION》（報道ステーション）或《獨家報導！》（とくダネ！）等電視節目中擔任評論員，甚為活躍。不過，自從週刊雜誌報導他的學經歷可能造假後，本人隨即就在官方網站上坦承自己之前所說的「美國天普大學畢業，哈佛商學院企管碩士，曾前往巴黎第一大學留學」這段經歷確實是捏造的，並公開道歉。我想上述這段連媒體也鬧得沸沸揚揚的事件，各位也都甚為熟知吧。

在網路與SNS上，有人質疑他們兩人是否患有做作型人格障礙？的確，他們所展現出的，都不是真實的自己，「誇大」之實顯而易見。

女醫脇坂聲稱年收有五千萬日圓，佯裝有錢人，實則揮霍無度，老是缺錢用，所以傳言她才會就此一頭栽進謊報醫療報酬的泥濘之中。

再者，脇坂遭逮捕時的素顏也被加以特寫。她那截然不同於化妝時的容貌，頓時蔚為話題。換言之，她「特別誇大」了自己的容貌。

遽聞脇坂遭逮捕時，她部落格的點閱率首度衝上了綜合排名的第一名。這也可說是做作型者「想成為主角」的渴望，以如此諷刺的形式獲得了滿足吧。

那麼，夏恩K又如何呢？老實說，我不認為他是做作型者。因為夏恩K並不是為了受到關注而誇大自己，而是想藉由誇大自己來獲取更好的生活。

懂得「誇大」才容易生存的時代

誠如開頭所述，當今的時代已成了「誇大」有理的時代。這也表示，懂得誇大自己才跟得上時代的潮流。

為了在這樣的社會中活出一片天，勢必有人會選擇誇大自己的生活方式。簡言之，人格沒有問題的人有時也需要演戲。好比說，身為「鼻肇與瘋狂貓」[5]成員之一的植木等。

5 譯注：Hajime Hana & The Crazy Cats，日本爵士樂團，亦為搞笑團體，成立於一九五五年。

植木是象徵日本高經濟成長時代的喜劇演員，出名到只要是昭和時代出生[6]的人，都曉得他是誰。由於他所演出的《無責任男》系列電影[7]爆紅，因此他無責任男的形象也就此定了下來。

但事實上，植木自小就是個非常認真的人，遽聞他曾對於扮演無責任男的自己，以及真實自我之間的落差甚為苦惱，直到後來在父親的開導下才逐漸釋懷。而在此，我所想要說的是，如同方才所述，縱使不是做作型人格者，有時也需要演戲。

換言之，要是藉由扮演有別於真實自我的自己，能夠謀得較好的社會生活；或者說社會所需要的，乃是有別於真實自我的自己，那麼，就算有人特意選擇展現非真實自我的生活方式，這也沒甚麼好奇怪的。

夏恩K雖然「誇大」了自己的學經歷；但對他而言，這等同是為了適應這個「誇大」有理的社會所該持有的入場券。

當學經歷的「誇大」被揭發後，從他那恐懼不安的態度，以及哭著道歉並無聲無息地淡出媒體（沒通知大批媒體召開記者會）的作法，顯然跟不覺得「誇大」自己有何過錯的小保方和佐村河內截然不同。這也就是說，夏恩K並不具有做作型者的特徵。

其實我曾經與夏恩K接觸過。那時我受他本人之邀，出席了他所主持的訪談節目。結果，事件爆發後，網路上也曾出現「撰寫《世上最容易受騙的日本人》一書的和田秀樹被夏恩K給騙了」的留言。當然，我並沒有被騙，我只是做好受託的工作罷了。

當時，我並沒有對他的學經歷起疑，也不是因為他學經歷優秀才答應上節目的。或許是我自己對頭銜不怎麼重視吧，所以甚少根據頭銜來判斷人。反倒是他謙和有禮的邀約，讓我難以拒絕，這才是實情。

我那時對夏恩K的印象是「言談極為誠懇」。若是做作型者，勢必會以超乎常識、出人意外的發言來吸引與會者們的注意。由於我一再重述「今後的時代非得想辦法表現自我才行」這類的老話，因而不禁心想：「想不到他竟是如此普通哪。」

6 譯注：一九二六年十二月二十五日～一九八九年一月七日。
7 譯注：日本昭和時代「瘋狂電影」系列喜劇之一。

那麼，像夏恩K如此普通的人，為何要「誇大」自己呢？我想這也可說是他選擇了迎合這時代的生活方式吧。

當然，稱呼一個會「誇大」學經歷的人為「普通人」，肯定有很多人難以接受。但我想說的是，在現今這個「誇大」有理的時代，即便我們周遭有像夏恩K這類的人也不足為奇。就某種意義上而言，這是一種時代的必然產物。換言之，夏恩K正是當今時代的象徵。

觀看近年來的電視節目，總讓我覺得：「現在的時代若不懂得裝腔作勢，實在很難成名。」

好比說，遽聞以辛辣發言成名的藝人，雖然在鏡頭前對資深藝人也是大擺架子、出言不遜，不過，平常則是謙和有禮，在後台與前輩打招呼時，也會事先道歉說：「我的作秀風格就是如此，還請多多包涵。」

因為我對電視節目的後台也略有所知，這番傳言應當是真的。這也就是說，該名藝人只是在扮演有利於闖出名氣的角色。當然，平時就趾高氣揚的藝人也大有人在……

無論是為了出風頭而虛張聲勢的人，還是大擺架子、說話毒辣的人，若是在以前，無不都是惹人厭的傢伙。然而，到了現在這個時代，這些裝腔作勢、愛逞威風的人反倒成了新寵兒。

誠如像前大阪市市長橋下徹、退出演藝圈的島田紳助，或是已於二〇一四年一月逝世的家鋪隆仁等這類型的人，他們之所以會深受歡迎，正是因為他們順應了時代的潮流。

夏恩K或許沒有虛張聲勢、大擺架子，不過，他藉由「誇大」學經歷，讓自己看起來很厲害的這一點，的確可說是為了順應當今時代潮流而採取的手段。

除此之外，夏恩K所引發的風波，更是命中了日本人最大的弱點。在序章的最後，我將以這一部分做收尾，並藉此導入正題。

命中日本人最大弱點的夏恩K

說起日本人最大的弱點，那就是「怕歐美人士」、「怕學歷」，以及「怕會說英語的人」這三項。

日本人之所以怕歐美人士，那是因為明治時代以後的日本近代化，如政治、經濟、憲法及刑法等近代國家應具有的體制，多半都是向歐美學習的。換言之，日本近代化乃是模仿歐美而來一事，在日本人對歐美人士的態度上也造成極大的影響。

再者，戰後的日本人會開始為了添購汽車、冰箱、洗衣機、電視，以及吸塵器等生活用品而賣力工作，是因為透過電影或雜誌的介紹，對歐美人士，尤其是美國人的生活模式有所憧憬。又如年輕人喜歡的流行時尚和音樂，也大多來自歐美。

如此這般，或許就是因為日本的近代化若沒有模仿歐美便難以推行，所以日本人在歐美人士面前才會抬不起頭來吧。

自古以來，總有人說日本人對歐美人士，尤其是對白人存有情結，我想這大概是事實。正因為存有這樣的情結，只要對方是歐美人士，自然就會投以崇拜的眼光。

至於夏恩K，遽聞他那近似白人的容貌，以及混有美國血統的出身經歷都是「誇大」出來的。由於這類「誇大」在日本應該相當具有效果，因此他才得以在各式媒體上獲得活躍的舞台。

怕學歷，也是日本人的特徵之一。事實上，重視學歷更甚於個人的內在涵養，乃是常有的事。

我自己本身並非反學歷論者，也不認為藉由學歷來評斷人有何不妥。

例如，若從透過考試得以培養「努力的能力」、「用心的能力」、「靈活推理的能力」，或是「分配時間的能力」等觀點來看，那麼，在考上大學的當下，我們可以說，順利通過嚴苛考試競爭的高學歷者，自是比無學歷者還來得優秀。

當然，並不是所有的高學歷者都是如此。即便考上大學，經過數年後，優劣關係也有可能會再逆轉。

沒考上東大或早稻田，考進明大[8]或日大[9]，後來應屆通過司法考試的人，以及東大畢業，司法考試落榜五次才合格的人，若以二十三歲的時間點來看，應當是

8 譯注：明治大學的簡稱。
9 譯注：日本大學的簡稱。

前者的評價較高。然而，過了數年後，假如兩人都成了律師，日本人反倒會認為東大出身的較為優秀。

另外，到了四十歲左右，雖說無論是畢業於哪間大學，只要了解對方有無認真讀書、努力打拚，就可以知道他是不是一名能幹的社會人士；不過，在現實生活中，大家還是喜歡用學歷這份標籤做為判斷的基準。

也因如此，只要是一流大學出身者就會獲得高評價，尤其是海外著名大學出身者，所獲得的評價更高。

所以說，日本人一看到夏恩K「誇大」的學歷，亦即「天普大學畢業，哈佛商學院企管碩士，曾前往巴黎第一大學留學」的這段經歷，便不禁推崇備至。有關這部分，夏恩K也直接命中了日本人看中學歷更勝內涵的痛處。

至於日本人的第三項弱點，那就是「怕會說英文的人」。

從古至今，日本人的英語會話情結都沒有改變。為了讓自己「變得會說英語」，許多人都跑去上英語會話教室。不過，一個人會說英語，並不代表他很聰明。

如同在日本出生成長的人會說日語一樣，在美國出生成長的人，會說英語也是理所當然的事。這無關工作能力或學歷，他們自然就能理解電視上或電影中說英語的人所講的話，聽得懂英文歌，且能夠用英語購物。

假如我們也在美國出生成長，勢必自然而然就會說英語。因此，語言單純只是一種工具，並非是象徵頭腦優劣的指標。

在美國，哪怕英語說得再爛，只要言之有物，便會受到人們的尊敬。反之，即便英語說得再流利，要是說話內容空洞，也會被視為知識水準低落的人。

像我自己曾到美國的研究所（postgraduate school，讓取得博士學位者可繼續深造的學校。在美國，醫師原則上都具有博士學位，因此，這般說法或許會顯得有些「誇大」）留學，之後也有過好幾次訪美的經驗，所以有非常深刻的切身感受。我為了傳達出這樣的真實情況，甚至還出了《學英語會話只是在浪費時間！》（英会話は時間のムダ！，Goma Books）一書。

認為夏恩K的英語說得跟母語者一樣好的人不在少數。這或許是真的，但他說話有無內涵，那又是另當別論了。

好比說，夏恩K若有留下幾句名言，就會有「他既然有如此精闢的發言，想必腦筋很好吧」這類的評論。然而，至今尚未聽說他有留下甚麼夏恩K語錄之類的名言，所以會被認為說話沒有內涵也是無可奈何的事。

「不過，他既然是電視評論員，腦筋應該很好吧？」

或許也有人會這麼說。說起來，認為電視評論員腦筋很好的想法本身就很奇怪。正因為有這樣的偏見，所以才會被「誇大」者騙得團團轉。

電視評論員的錄用，原則上並不需要任何審查，多半都是挑選導播或製作人所認識的人，或是名字曾出現在週刊雜誌上的人。以專業實績來挑選人選的作法幾乎不曾有過。

當然，電視節目若是邀請像我們這類的學者擔任評論員，由於必須訴諸專業知識，便會加上「精神科醫師……」或「榮獲○○獎的……」頭銜（若是東大教授，單單東大教授的頭銜就效果奇佳）。

話說至此，序章似乎有些過長了。但我想，各位對於當今的時代已成了毫不在乎地「誇大」自己者有理的時代一事，勢必有了初步的了解吧。

這也就是說，做作型人格者與自戀型人格者增多了。又或者說，他們的社會適應度是比以前更好了。無論如何，我們若對這些人沒有免疫力，很容易就會被騙，甚至受害。

因此，重要的是，要懂得鍛鍊識破對方的眼力，以及避免受騙上當的對策。那麼，從下一章起，我將針對這部分做詳盡的說明。

第一章
「做作型・自戀型」者橫行的時代

「讚」輕忽不可！
因SNS普及而不斷增多的做作型‧自戀型者

替「誇大有理」撐腰的AO考試入學及SNS

或許是沒有國、高中及大學升學考試經驗的人當上總理大臣一事所帶來的影響，導致現今日本大學升學考試的世界，不再是學力競爭，而是「人品」競爭的怪異現象。

例如，私立大學的新生，其中約有五成是經由推薦、附屬高校直升（這在形式上也是由附屬高校的教師推薦），或是AO考試入學的。

所謂的AO，是Admissions Office 的簡稱，一般翻譯成「招生事務處」。AO

考試的特色在於，透過面試或小論文來了解考生的適性與意願，藉此篩選出符合大學期望招收的學生。這不再像以前那樣，僅利用紙筆測驗來篩選學生，而是一種從多方面評價學生的入學制度。

然而，ＡＯ考試卻存有個大問題。由於小論文和面試都很容易「誇大」，只要當場讓論文的評選官或面試官有好的印象，通過考試的機率就會提高。

實際上，有不少無法考取高分、日語讀寫能力有待加強的學生便經由ＡＯ考試成為大學生。因此，也有人嘲諷說：「ＡＯ應該是『笨蛋（aho）也ＯＫ』的簡稱才對。」

採取ＡＯ考試的，不止限於私立大學，自二〇一六年二月起，連東大也採取ＡＯ考試，並表示有十七名學生合格。

不僅如此，自二〇二一年的春季入學考試開始，包含東大及京大在內的所有大學，都將全面採取ＡＯ考試。若這麼繼續下去，在教育現場，對於「如何展現自我」的重視將更勝於學力，而懂得美化自己的人勢必也會增多。

當然，現在已有不少經由ＡＯ考試上大學的人陸續畢業，進入社會職場工作。

堪稱為做作型人格代表的小保方，也是經由ＡＯ考試進入早稻田大學就讀的。我們或許可以這麼說，近年來的日本教育體制，很容易培育出「愛誇大自己者」的現象，從她的身上即可窺見一斑。

再者，愛誇大者之所以增多的另一個主要因素，則是ＳＮＳ的普及。

誠如序章曾提過的，有許多人都在使用臉書、推特、Line或是Instagram等通訊軟體。根據某市調公司的調查數據，於本書執筆期間，日本國內的使用者人數分別如下所示——

- Line　五八〇〇萬人
- 推特（Twitter）　三五〇〇萬人
- 臉書（Facebook）　二四〇〇萬人
- Instagram　八一〇萬人

若將上述數字相加起來，實則為一億二五一〇萬人的龐大使用者人數。當然，各別軟體的使用者難免會有所重複，單單只是將人數加總，並不能得知ＳＮＳ的實際使用總人數。不過，這一億二五一〇萬人的數字已近乎同等於日本的總人口數，不得說ＳＮＳ的普及率實在驚人。

除此之外，又如利用部落格、個網、YouTube或niconico動畫[1]等媒介來傳送資訊的人也不少。正因為如此，現在這個時代，要找到能夠讓個人向大眾自我推銷的平台，根本俯拾即是。

而有意利用這些工具讓自己看起來「很有魅力」、「很漂亮」、「很可愛」、「很聰明」、「很強悍」或「很有能力」的人，誠如我一再所說的，大多數都是在「誇大」自己。

當中有做作型者，也有自戀型者。這兩種類型者之間有相似之處，也有相異之處。接下來，就讓我們來比較一下兩者各有何不同吧。

1 譯注：由日本 DWANGO 公司所提供的影片分享網站。

兩種人格障礙的診斷準則

無論是做作型者還是自戀型者，都是以一種名為人格障礙的精神障礙做為論述的依據。至於用來辨別二者的要素為何？在此將帶領大家來做個確認。

根據序章曾介紹過的，由美國精神醫學學會所出版的《精神疾病診斷及統計手冊第五版》，針對做作型人格障礙與自戀型人格障礙的診斷準則，做了如下的說明（以下擷取自日語版本）[2]。

◇「做作型人格障礙」

簡言之，意指過度情緒化，甚至不惜利用演技、性誘惑或謊言，讓他人的目光停留在自己身上的人。

＊表現符合以下五項特點（或更多）

1. 當他或她不是注意的中心時會感到不舒服。

2. 時常以不恰當的性誘惑（seductive）或性挑逗（pro–vocative）與他人交往。
3. 展現快速轉變和膚淺表現的情緒（shallow）。
4. 利用自己身體外觀來吸引他人注意。
5. 說話風格過度不精確（impressionistic），並缺乏細節。
6. 情緒表達顯露自我誇示（self–dramatization）、戲劇化和過度誇張。
7. 易受暗示（如：易被他人或情境所影響）。
8. 自認為人際關係比實際更為親密。

◇「自戀型人格障礙」

簡言之，意指很愛自己，覺得自己很特別、很優秀，雖然強烈渴望他人的誇讚，卻從不誇讚他人的人。

＊表現符合以下五項特點（或更多）

2 譯注：中譯部分則擷取自中文版。

1 對自我重要性（self–importance）的自大感（如誇大成就與才能，在沒有相稱情況下期待被認為優越）。
2 專注於無止境的成功、權力、顯赫、美貌，或理想愛情等幻想中。
3 相信他或她的「特殊」及獨特，僅能被其他特殊或居高位者（或機構）所了解，或應與之相關連。
4 需要過度的讚美。
5 認為自己有特權（如：不合理的期待自己有特殊待遇，或別人會自動地順從他或她的期待）。
6 在人際上顯得剝削（例如：占別人便宜以達到自己的目的）。
7 缺乏同理心：不願意辨識或認同別人的情感需求。
8 時常妒忌別人或／且認為別人妒忌他或她。
9 顯現自大、傲慢的行為或態度。

（美國精神醫學學會《精神疾病診斷及統計手冊第五版》）

上述即為做作型人格障礙與自戀型人格障礙的辨別要素，也是精神障礙的診斷準則。因此，即便符合的表現達五項以上，但只是短暫性的，又或者誠如先前所說的，其表現若沒有造成臨床上顯著痛苦，或社交、職業或其他重要領域的功能減損，就不算是人格障礙。

這也就是說，即便符合的表現達五項以上，也不一定就是人格障礙。

就方才所說的「短暫性的……不算是人格障礙」，若以自戀型人格障礙中的「需要過度的讚美」為例，平時不怎麼會邀功求賞，不過，當自己完成大案子或重要任務時，便會短暫性，意即一時性地迫切渴望獲得讚美，像這樣的情況，就不能說是人格障礙。因為，以常理來說，這是很自然會有的表現。

另外，所謂的「其表現若沒有造成臨床上顯著痛苦，或社交、職業或其他重要領域功能減損，就不算是人格障礙」，若以自戀型人格障礙特徵之一的「顯現自大、傲慢的行為或態度」為例，即便是如同川普那般，認為「沒人比我更偉大」的自大傲慢者，甚至符合自戀型人格障礙的表現也有好幾項，但只要他的這些表現沒有惹人嫌、導致工作不順，或使本人陷入痛苦等，造成社交「功能減損」，就不算是自戀型人格障礙。

川普是因為被推舉為總統候選人，很難說他的表現造成社交功能減損，再者，他本人若不覺得自己的人格障礙會造成痛苦（應該也是如此吧），那就不能說他患有自戀型人格障礙症。

話雖如此，誠如先前所說的，無論是做作型者還是自戀型者，都具有「期望受到注目」、「想成為主角」的渴望。那麼，二者之間究竟有何差異呢？若單單只是從方才所列舉的診斷準則來看，並不容易看出差異所在，因此，我在此試著以更簡明易懂的比較方式來做說明。

做作型與自戀型的相異處

「自我戲劇化」及「誇張的情緒表達」，是做作型人格障礙者所具有的特徵。所謂的自我戲劇化，簡言之，就是經常認為自己是連續劇中的主角。

自己一直都是人生起伏難料的連續劇主角。因為是主角，自然得是眾所矚目的焦點。當然，自己所說的話，所做的事都是在演戲。

一件悲傷的事會演成十足十的悲劇，無論是哭是笑，情緒起伏都很誇張，即便在眾人面前也毫無顧忌。這便是做作型人格障礙者所具有的特徵，「自我戲劇化」及「誇張的情緒表達」。

另一方面，自戀型人格障礙者的主要特徵則是「渴望讚美」、「誇大性」及「缺乏同理心」。

渴望讚美是做作型者與自戀型者的共通特徵。

至於誇大性，就每件事都誇張表現的這一點，也跟做作型人格的特徵十分相似；不同的是，自戀型者不怎麼會讓自己成為悲劇的主角。

自戀型者多半會抱持著「沒有人比我更偉大」的心態，一心只想美化自己，好獲得讚美。

而在對待他人的態度上，自戀型者基本上比做作型者顯得更加「冷淡」，不會考慮到他人的心情。

這是因為自戀型者原本就欠缺為他人設想的能力。這也就是方才所提到的三項特徵之一的「缺乏同理心」。

相對於此，做作型者由於常有誇張的情感表現，情緒較為不穩定，因而有時會給人「熱情奔放」的印象。做作型者在記者會上，常會突如其來地大哭或大聲嚷嚷，或許會讓人覺得很不像樣，但如此訴諸情感的行為模式，自戀型者是鮮少會有的。

無論是做作型者還是自戀型者，在此都是列舉人格障礙的診斷準則項目來做比較。但願透過這樣的比較，可以讓大家對於這兩種人格障礙者常見的性格傾向有更進一步的了解。

被「愛誇大」者輕易蒙騙的現代人

被ＳＮＳ騙得團團轉的人們

由於做作型者與自戀型者都渴望自己能夠成為主角，因此二者「愛誇大」的傾向十分強烈。

誠如先前所提及的，ＳＮＳ的普及促使「愛誇大」者人數增多。

「所以說，這有甚麼問題嗎？」或許有人會抱有這樣的疑問。「誰愛誇大自己，跟我無關吧。」或許也有人會這麼說。然而，只要有持續在使用ＳＮＳ，何時會陷入他們的陷阱，沒有人知道。

說起來，「愛誇大」者們都很善於美化自己。事實上，有不少做作型者與自戀型者便是魅力十足的人物。誠如本書至今所列舉的人們，在問題爆發之前，也大多是深受歡迎的人物。

這是因為他們日以繼夜都在努力研究「該如何推銷自己，才能讓自己看起來魅力十足」的作法。

如此積極打造「魅力自我」的人若存在ＳＮＳ的世界中，很可能有人會深受吸引，對他們所寫的文章或留言按讚，成為他們的追蹤者。

如此一來，當彼此的往來越來越親密，或許就會想約出來碰面。尤其對年輕人而言，ＳＮＳ也很容易成為邂逅的管道，彼此相約網聚，在外頭碰面，確實是很有可能發生的事。

要是實際見面卻不禁大為失望，這表示對方的「誇大」實在笨拙。若僅止於此，倒不會出甚麼問題；不過，既然是「愛誇大」者，就算碰了面，也只會看見他們極富魅力的一面。

話雖如此，當相處時間越長，自然會漸漸察覺到對方的任性與自私，直到對方「誇大」的面具被掀開，清楚看到真相之際，以往所感受到的魅力早已消逝殆盡，徒留莫大的失望。

如果僅是朋友之間的交情，或許事情就此落幕；但近年來，透過ＳＮＳ接洽工作的案例也時有所聞。

例如，有些從事口譯或翻譯的自由工作者，會在臉書上設立工作用的帳號，做為接案的管道；再者，非如此專業正式的工作請託也十分常見。

好比說，朋友的朋友英語能力很好，所以想請他協助翻譯自己所寫的日語信件；或者是委託擅長製作飾品的人製作手工飾品等例子。當然，這並不是免費的，而是會支付對方一筆約等同打工薪資的費用。

這般情況下，對方若有所「誇大」，事情將如何呢？因為深信對方所說的「我有這樣的能力」、「我有這樣的技術」或「我有這樣的實績」等「誇大」之詞而請求對方幫忙，一旦發覺對方根本沒有這般實力，勢必會覺得自己遭到背叛。視情況的不同，有時甚至可能會有金錢上的損失。此外，心靈因而受創或平白損失時間也是常有的事。

例如，有位女性因男友忙到無暇陪伴自己，雖然無意分手，但為了排解寂寞，她可能會在ＳＮＳ上誇大其辭地表示：「最近跟男友處得不好……」藉以凸顯出「深陷苦惱中的自己」。

如果自己也有類似煩惱的經驗，或許會同情這名資訊發送者而主動加入談話；不過，當得知對方的遭遇是「誇大其辭」後，勢必會覺得真誠關懷對方的自己簡直就像個笨蛋。

尤其是無論甚麼事都當真的人，很容易輕信對方所說的話，一旦知道真相，精神上所受到的打擊肯定不小。

有人或許會說，只要「誇大」不被揭穿，就不會受到打擊啦。

但是，「誇大」即為謊言，很容易被揭穿。因為謊言為了掩飾破綻，得再以另一個謊言來圓謊，一不小心就會說出前後矛盾的話。

所以說，某人「誇大」的作為，是很有可能讓自己心靈受創，且在金錢及時間上蒙受損失。

如此看來，於ＳＮＳ極為普及的現代，除了「愛誇大」者之外，被他們所騙、所戲弄的人們也會跟著增多。

故意「反向誇大」的人不可輕忽！

「愛誇大」者們並非最近才出現，他們從以前就存在了。

如同大家所熟知的，藝人總會公開謊報年齡、身高或三圍等數字。這無論是在以前還是現在的演藝圈都是很理所當然的事，即便真相被揭穿，大概也不會被視為問題。

不過，「誇大」的現象若不是發生在跟生意人沒兩樣的演藝圈，而是發生在政治界，很可能就會引起大問題。

好比說，一九九二年出馬參選愛知縣參議員，最後順利當選的新間正次。由於他公開謊報明治大學入學、中輟的不實學歷，依違反公職選舉法之嫌遭到起訴，最後在名古屋高等法院被判有罪，確定當選無效。

新間原本是位藝人，也是漫才師橫山（Yasushi）的最後搭檔。他或許以為演藝圈式的謊報在政治界也可通用吧。當然，如今已進入了網路時代，學經歷的謊報也越來越容易被揭穿，我想這類的事件應該會逐漸減少才是……

說到謊報學歷，前總理田中角榮也是「誇大」學歷的其中一人。話雖如此，他明明是出身於名為中央工學校的專門學校，卻一再「強調」他是「高等小學[3]畢」。一般「誇大」學歷，都是為了讓自己看起來像個高學歷者，角榮卻是為了宣傳自己是能夠理解低學歷社會成功者（經營好幾間公司）這樣庶民心境的人（角榮之女投入選戰後，也曾做過換穿運動衫，明明是東京土生土長，卻以方言說話的改變），才故意謊報低學歷。

換言之，他做了「反向誇大」。大概是策略奏效了吧，角榮效仿太閤秀吉，甚至大受歡迎到被譽為「現代太閤」。

這些都只是其中的一例，但確實可看出會「誇大」自己的人從以前就已存在。想當然耳，藉由「誇大其辭」來欺騙人的詐欺師，也是從以前就有。

不過，在沒有SNS的以前，交友關係不如現在這麼廣闊，個人也沒辦法同時向多數人發送資訊。因此，幾乎不會發生肇於個人所發送的資訊，導致多人被捲入的事件。

到了現代，由於交友關係的範圍在瞬間便能拓展到日本全境，住在北海道的人透過ＳＮＳ或網路，就可以輕而易舉地跟住在沖繩的人認識、做朋友。

如果具有一定程度的英語能力，甚至可以向全世界進行自我推銷。如此一來，隨著「愛誇大」者們活動範圍的擴大，受騙者人數自然也會增多。

若是如此，那就更不能放任這個網路、ＳＮＳ甚為普及、人與人之間的聯繫以驚人速度不斷擴展的時代，繼續隨興地發展下去。因為很可能到處都有陷阱等著受害者上鉤。

尤其日本人過於天真（話說「naive」一詞，在英語圈內是指容易上當的傻子；在日本卻具有正面的意思，用來指純真的人。這或許是以模糊外國人所說的瞧不起人之意的方式來解釋「naive」一詞所導致的結果），被騙的人肯定不少。

首先，我們得先認清「愛誇大」者們平時就存在我們周遭的事實。這將是預防受騙的第一步。

3 譯注：日本戰前的學制，相當於現在小學五年級至國中二年級的階段。

「偽裝自己」的電視界

在電視界，「愛誇大」者十分猖獗。為了讓自己看起來更聰明、看起來像貴婦，或是為了演活反派角色而故意使壞……像這樣，有許多「誇大」自己的人紛紛上了電視。

他們隱藏真實的自己，表現出虛構的自己。簡言之，就是扮演「偽裝的自己」。那麼，只有「愛誇大」者們會扮演偽裝的自己嗎？其實並非如此。無關誇大與否，在電視界，扮演偽裝自己的人本來就很多。

例如，假設有位女高中生深夜在鬧區徘徊閒逛，結果被捲入某事件成為受害者。在這般情況下，電視上是不允許做出「受害者不是也有過錯嗎？」的發言。因為要是有任何被視為是在嘲弄受害者，或擁護受害者的發言出現，觀眾的客訴就會蜂擁而至。

就現實問題而言，「一個女高中生既然膽敢在深夜的鬧區閒逛，想必她的父母親大概也不怎麼正經吧。」像這類的對話，出現在飲酒店內的閒聊是很稀鬆平常的事。然而，如此坦率說出一般人的感受，也就是說出真心話的人，是不適合上電視的。

這也就是說，在電視上常露臉的文化人等，實際上很可能都是迎合電視台來發言的。

至於在電視界長久存活的人們，若不是具有「懂得話要這麼說才有辦法長久存活」的生存感知，就是持續在扮演電視所能接受的角色，而不說出真心話。

先不說這麼做是好是壞，他們都可說是對電視業界擁有極高適應力的一群人（反過來說，也是容易受操控的一群人）。

在電視界，相較起發言謹慎的人，沒任何佐證就敢斷言是非的人更容易受到重視，而這種人確實也常出現在各種節目之中。

好比說，經常會有自稱腦科學家的人在電視上發言。這看在持續鑽研先進醫療技術的醫師，或是根據種種假說進行實驗，卻切身體會到多數的假說都難以驗證的認真研究者眼中，他們心裡所想的，不外乎是：「真不知恥，像這種還只是處在假說階段的事，也敢說得那麼肯定。」因為事實上不可能真的使用活人的腦袋來做實驗（倒是可利用影像間接進行實驗），所以說，腦科學所談論的，幾乎都是仍停留在假說階段的論述。

然而，相較起會先說句「這還只是個假說……」的謹慎發言，膽敢直言「目前已清楚知道……」的說法更具有衝擊力，觀眾也比較容易接受。因此，比起發言謹慎的人，電視台更傾向讓膽敢斷言的人在各種節目上露臉。

而被稱為文化人的人們，也有不少人常將毫無根據的話說得跟真的一樣。

好比說，一旦發生了少年犯罪的事件，這群文化人就會在電視上發言：「近年來，少年犯罪的事件變多了……」觀眾一聽，便會暗自心想：「啊，原來是這樣啊。」因為這是看似很有來頭的文化人所說的話，自然就會認為這是事實。

不過，若試著查閱警察廳生活安全局少年課的資料（少年犯罪情勢），可知少年刑法犯的逮捕人數，於自平成十六年（二〇〇四年）起，直至平成二十七年（二〇一五年）止的十二年之間，乃是持續遞減的。

如此這般，對於這類只要查閱資料，謊言就會被揭穿的事，也能若無其事說出口的，正是這群上電視的文化人；而電視台更是毫不在乎地播出這些虛假的資訊。

又如國會的現場直播，受到質詢的官員有時會這麼回答：「有關這一點，我無法在此立即回覆，請容我確實查明後再答覆。」結果，隨即就會有人從議員席跳起來說：「為何沒辦法立即回答！難道你想蒙混過去嗎！」

若從現實層面來看，官員表示無法立即答覆的說法是恰當而實在的，反倒是當場答出不正確資訊的人才教人信不得。

但是，電視界卻認為能夠代替觀眾迅速做出判斷，斷言「這是A，這是B」或「這是對的，這是錯的」的人，比起資訊的準確性或事實，更具有利用的價值（話雖如此，電視製作人為了迴避責任，絕不會讓主持人或旁白斷定說出這類沒有根據的話，往往都是以評論者個人發言的形式來呈現。因此，在旁白中是聽不到「少年犯罪逐年增加」等的言論）。

當然，評論者所說的絕非真心話。他們只不過是說出電視局喜歡的言論，好提高自己的利用價值（上電視時，偶而會在廣告空檔聽見他們的真心話，而這些話跟他們在電視上所說的都不一致）。唯有這麼做，才得以在電視界存活下去。

既是如此，那麼，對於評論者們所說的話便不可全盤接受。尤其是膽敢斷言的人所說的話相當強而有力，觀眾很容易聽信，更要特別留意。

「愛誇大」者們，以及扮演偽裝自己的人們——這一群人透過電視，大量散播出無法說是真實的資訊；而相對的，也有一群天真（按前述的意思而言！）相信的一般大眾。在這個我們所生存的社會中，若不懂得「資訊萬萬不可全盤接受」的基本要領，肯定很容易就會受騙上當。

世上最容易受騙的日本人心理

電視第一世代與第二世代，對電視的看法有異

我是昭和三十五年（一九六〇年）出生的。當時的日本，電視才剛剛開始普及，電視、冰箱及洗衣機被喻為「三大神器」。

由於我父母親成長的年代還沒有電視，因此，他們對電視的警覺心甚強。雖說他們對報紙、雜誌、電影及廣播等傳統媒體已十分熟悉親近，卻對電視這新式媒體仍保持距離，抱持著「無法信賴」的想法。

事實上，在父親的年代，大學畢業後的就職會去電視台工作的，都是進不去報社、雜誌社、電影公司或廣播電台的人。現在會進電視局工作的，都是精英分子；但當時卻是二流人才。

再者，當時大眾對於上電視的人的評價也十分嚴苛，認為會上電視的大學教授肯定是二流的。父母親甚至還會告誡仍是孩子的我們：「看電視會變笨蛋喔。」

如此這般，我們這個世代因為受到父母親對電視冷眼看待的影響，並沒有完全成為電視愛好者，而被稱為電視第一世代。至於我們的下一代，亦即目前約二、三十歲的年輕人們，由於他們父母親成長的年代電視已存在，與其說他們對電視深信不疑，不如說他們基本上已將電視權威化，這也就是所謂的電視第二世代。

第二世代以後（若到鄉下去，第一世代的人們也有這樣的印象）的年輕人們，大多認為出現在電視上的人、學者及政治家們是傑出非凡。像這樣，上電視的人被視為一流人才，那麼，在電視上引人注目的人，自是廣受歡迎。

當然，藝人也是如此。以前的人視上電視的藝人為二流，認為上得了演藝廳等表演舞台的藝人才是一流的；而現在，表演舞台早已被拋在一旁，大家都只想上電視。因為在電視上曝光才容易走紅。

從第一世代到第二世代的變遷，我認為這是個很重要的關鍵。雖然對電視冷眼看待的第一世代，仍有不少人存活在世，但第二世代以後的年輕人們，早已將電視權威化。

因此，近年來，反過來利用電視建立自身權威的，也大有人在。

以某位常上電視的女精神科醫師為例，她連一本學術論文都沒寫過，甚至連同業醫師也對她會診的情形一無所知，就只因她常上電視，便被視為一流的精神科醫師。而一般觀眾也基於既然她是位上電視的醫師，就此深信她必定是一流的。

像我自己本身，至今已撰寫了超過六百冊的著作，也曾在自我心理學（self psychology）的國際權威年鑑上，發表了日本人的第一篇論文，甚至還接續發表了日本人的第二篇論文。老實說，有關上述這些實績，連我自己也引以自豪。然而，在我常上電視的那段期間，這些事都未曾被提起過，當我受邀到外地演講時，介紹詞也不外乎是「這位是參與ＴＶ擒抱[4]演出的……」或「這位是參與Sunday Japon[5]）演出的……」這般模式。

---

4 譯注：日本朝日電視台的談話性節目，全名為《北野武的ＴＶ擒抱》，開播於一九八九年七月三日。

5 譯注：日本ＴＢＳ電視台的談話性節目，開播於二〇〇一年十月七日。

對主辦單位而言，想必是希望向來聽演講的民眾強調「我們請來了上電視的傑出醫師」這件事吧。

如此這般，參與電視演出便成了一種身分地位。我們可以說，多數的日本人都對電視上的人們所說的話深信不疑，甚至將電視權威化，以致喪失了看清真相的眼力。

自古以來就怕權威、容易上當的日本人

上一節已談過電視的權威化，日本人之所以會深信電視上的人所說的話，這就表示日本人很怕權威這種東西。好比說，對新聞報導全盤接收便是其中一例。

二〇一五年，發生了一起少年少女遭殺害的事件。當時，數部監視器拍攝到嫌犯的座車奔馳而去的影像，曾在電視新聞中一再播放。不過，那些影像無論看多少遍，我都看不出有少年少女坐在車上。

遽聞該事件的嫌犯雖然已遭逮捕，卻緘默不語，也沒承認犯案。先不說遭逮捕

的嫌犯是否就是兇手，由於從車子奔馳而去的影像中看不出有少年少女坐在車上，令人不禁懷疑這樣的影像是否真能成為證據。

假如撇開先入之見，純粹只看影像，其實只看得出有一部車奔馳而去。不過，影像若與嫌犯已遭逮捕的消息一起播放，觀眾在看電視時會暗自心想：「雖然看不是很清楚，但我想少年少女肯定就是被那部車載走的。」這也沒甚麼好不可思議的。說不定電視台就是抱持著這樣的心態，才會故意一再播放該影像。

無論如何，既然是電視這個權威在新聞這個權威節目所報導的事件，大多數的日本國民想必都是很坦率地接收了其所報導的內容。

有關這起事件，無論哪家電視台都做出相同的報導。這或許是因為每家電視台的新聞都是根據警方所發布的消息製作而成的吧。所以，內容才會都一樣。

先不說一般大眾，竟然連媒體也是全盤接收警方所發布的消息，我認為這實在是現代社會的可怕之處。

當有某事件發生時，打開報紙一看，總會發現各家報社的報導論調幾乎都一樣。因為記者們只是將警方在記者俱樂部[6]上所發布的消息原封不動地寫出來，理所當然的，無論哪份報紙的報導都會是相同的內容。而電視新聞的報導也是如此。

現實中的事件是各色各樣的，甚至其中還有冤案存在。即便有記者沒全盤接收警方所發布的消息，而是經由獨自調查後，寫出「警方似乎隱瞞了甚麼」、「這事件似乎還有內幕」或「真正的犯人似乎另有其人」等報導，這也不足為奇。然而，這類的報導卻幾乎不存在，大家的論調都是一致的。甚至大多數的重大事件，連辯護律師的說法也不會報導出來。像這樣，不禁讓人懷疑報導是否受到限制。

所以說，電視台及報社究竟為何要全盤接收警方所發布的消息，以同樣的論調來報導事件？

理由很簡單。如果做了不是根據警方消息所寫出的報導，警方就不會再提供消息了。受限於這樣的擔憂，各家媒體只能原封不動地將警方所發布的消息報導出來。

這也可說是記者俱樂部制度的弊害。但相較於此，只能報導記者俱樂部上消息的作法，更是問題所在。

除了透過記者俱樂部所報導的新聞外，假如其他的採訪機構或新聞記者獨自調查的新聞也能夠報導出來，就不會清一色都是單方面的消息。

另外，不止報導警方的看法，也得報導辯護律師的主張，這樣以新聞報導來說，才不會有所偏頗。我認為這才是新聞學該有的態度，但現實卻不是這麼一回事。

而社會上之所以沒有人對這般現狀提出批判，無非是國民很容易被電視、報紙及警方等這類權威蒙蔽。

再加上現在的電視台因為長期蕭條或網路普及，導致廣告費受到壓迫，為了維持每人平均一千五百萬日圓的員工年收，甚至傳聞有電視台表示：「查證的採訪實在太花錢了，還是別做了。」（我倒覺得這是很有說服力的傳聞）所以說，往後無論看哪家電視台的新聞，都只會看到相同內容的報導。

6 譯注：kisha club。日本獨有的採訪制度。記者俱樂部廣泛設置於各級公家機關及同業公會等處，僅有加入俱樂部的記者才能進行採訪。

只知一味地接收散播出來的資訊並非好事。如今已是網路的時代，懂得自行上網挖掘真相也是很重要的一環。至少比起全盤接收單方面的資訊，透過資訊的比較，更有助於建立起健全公正的看法。

對外國人而言，假如所有的電視台或報社都以同樣的論調來報導新聞，反倒會讓人懷疑當中是否有資訊操控。然而，在日本，這般作法卻是增添了大眾對媒體的信賴感。因此，手段的拿捏是很重要的。

穿著整齊就是精英，打扮奇特就是藝術家？

「她是A型，所以無論做甚麼事應該都是一板一眼。」

「那個人是O型，個性想必是大而化之吧。」

我們時常會聽到這樣的對話。這是日本人最喜歡的血型性格診斷。血型性格診斷如此深植人心的，大概只有日本；遑聞在外國更多的是不知道自己血型的人呢。

話說血型性格診斷僅將人的性格分成四種不同的類型，不得不說這是種很勉強的分法。然而，由於這在日本已經相當普及化，深受影響的人也不在少數。

好比說，在各位當中，一聽到A型，肯定有很多人腦海中便會浮現出「認真」、「嚴謹」等印象吧。

就現實面來看，A型人也有不認真的。甚至在犯罪者當中也會有A型人。當然，認真的A型人也是有的。有的A型人做事很嚴謹，也有的A型人做事一點也不嚴謹。不過，要是太過於依賴血型性格診斷，一聽到A型，很容易就會擅自認為對方「絕對是個既認真又嚴謹的人」。

而如上述這般的認知模式，我們稱之為「基模（schema）」。因為具有這樣的基模，有時即便事實並非如此，卻還是會深信自己的認知沒有錯。換言之，就是自己騙了自己。

例如，在商業區看到一身高級西裝的人，便認為：「他肯定是個精英分子。」又如在美術館等處看到打扮有些奇特的人，便認為：「他大概是名藝術家吧。」……這樣的第一印象或許每個人都會有，但只要心中存有基模，就會很容易忽略其他角度的看法。

會想這麼做的人多半都是屬於沒替對方貼標籤就會很不安的類型。因為若沒搞清楚究竟是黑是白，心也靜不下來。

然而，這世上少有能夠做到黑白分明的事乃是事實。

假如有人聽到對方表示：「我不喜歡也不討厭。」便難以接受，甚而擅自為對方做判斷，說：「既然不喜歡，那就是討厭囉。」像這樣的人，以認知成熟度的觀點來看，可說是「曖昧容忍度（ambiguity tolerance）低的人」。

所謂的「曖昧容忍度」，誠如字面意思，意指對曖昧之事的容忍程度，同時也是認知成熟度的指標之一。

曖昧容忍度低的人，總是習慣以對方的服裝、容貌、學歷，或血型來做判斷……這也就是說，他們不看對方的內在，僅單憑外在這過分簡便的判斷基準來評斷對方。

如此這般，由於具有基模的人，或是曖昧容忍度低的人，都會擅自給對方貼標籤，自然容易將並非事實的偏見視為真實而深信不已。換言之，就某意義而言，這也表示他們很常自己騙自己。

先前我曾說過，日本人很容易被騙。若說因為這樣的基模，讓自己在不知不覺中騙了自己，那麼，我們不止要注意「愛誇大」者，更重要的是，也要懂得適時自我反省：「我是不是有甚麼樣的基模？」「我的曖昧容忍度是不是很低？」

「前○○」的頭銜不脛而走的日本選舉

撰寫本書期間適逢東京都知事選舉，最後由沒有受到自民黨推薦的小池百合子當選。

這次的選舉，全部有二十一名候選人出來參選；不過，選舉期間，無論是看電視還是報紙，都只會看到小池、前岩手縣知事增田寬也，以及新聞工作者鳥越俊太郎等三人的特寫，彷彿候選人就只有他們三個人一樣。

簡言之，媒體僅向東京都民展示二十一張卡片中的其中三張，並且要大家從這三張卡中選出一張來。

結果，最後是三張卡片之一的小池當選了；而這也讓人留下了知名度高的人獲勝機率較高的印象。

鳥越的知名度或許不低，但他沒有從政經驗，也提不出甚麼值得一提的政見。再者，他在選舉期間又被周刊雜誌爆出性醜聞，以致離勝選之路越來越遠。

以第二高票落選的增田，因為是前岩手縣知事，就他具有知事職務經驗這一點，便很有機會獲得高評價。然而，在知名度上，還是輸給了其他兩名常在電視上露臉的候選人。另外，他是現任執政黨候選人的身分也難以給人好印象。

假如沒了上電視頻率或知名度等要素，我想會對選情造成影響的，應當就是政策、頭銜和實質政績了。雖說形象對選舉而言也算是一大要素，但應該不會像選美比賽那樣，僅靠姿色就能當選。

從選舉的現實面來看，頭銜是選民最常用來評斷的依據。好比說，在地方的知事選舉或市長選舉中，當選的往往都是具有「前財務省官員」、「前總務省官員」或「前〇〇大臣祕書」等頭銜的新人。

因為當選民沒有時間看政見發表會、仔細比較各候選人所提出的政策時，也只能靠頭銜來評斷，所以，頭銜自是會成為選舉的一大要素。

附帶一提，美國的選舉，只要看二〇一六年的總統大選就可知道，那是超過一年的長期戰役。先舉行預選選出候選人，然後再歷經長達半年的正式選舉，最後從中脫穎而出的人才能當上總統。即便是地方的選舉，也是按先預選再正選的程序，選舉同樣長達數個月。而這段期間，無法在政見辯論中勝出的人，自然就會遭到淘汰。

因此，就算形象再好，或大有來頭，或知名度高，一旦被認定從政能力不足，便贏不到選票。

反觀日本，選舉約只有短短的兩週，選民根本難以去了解候選人所提出的政策或為人。再者，由於幾乎沒有機會可以看到候選人之間的政見辯論，也很難去比較政策的優劣。到頭來，究竟該選誰才好？選民手上完全沒有評斷的依據。

所以說，候選人當中，如果沒有特別出名的人，也沒有特別有實績的人；換言之，要是陷入每個人都「半斤八兩」的情形，屆時也只能靠頭銜來選人了。

如同即便沒有實績或實力，只要擁有東大教授的頭銜就可以很神氣活現一樣，在政治界只要擁有頭銜，哪怕從政能力不足，還是有可能當選。大家若能考量到這一點，相信就不會被頭銜給騙了。

因為現在是經歷詐欺馬上就會被揭穿的時代，或許已經沒有會「誇大」頭銜的政治家，不過，會藉由賣弄頭銜來「誇大」實力的人應該不在少數。換言之，就是只管宣揚自己的頭銜，表現出自己很有實力的樣子。

若要避免受騙，就有必要仔細確認對方實際做過哪些事。但就現實問題而言，要在短暫的選舉期間自行四處調查是很困難的一件事。因此，還是得像美國那種實施長期選戰的作法，才比較有可能選出有能力的人吧。

至少若能夠讓候選人針對政見進行充分的辯論，那麼，膚淺「誇大」的候選人應當很快就會現出原形。由於選舉期間短，沒辦法舉辦像美國那樣的電視辯論會，所以，若說日本選民是「抱著接到電話詐騙，被迫得立即做出決定的心態來面對選舉」，一點也不為過。

比起知性人物，媒體更愛用做作型人物

「愛誇大」者經常出現在電視上。因為他們多半都很愛出風頭（當然也有人本來就沒意願，是為了生活才上電視的），對於自己能夠在各種媒體上曝光，想必也感到十分開心。

另一方面，大眾媒體也同樣喜歡採用善於偽裝自己的人、做作型的人，以及容易受民眾歡迎的人。

甚至連電視台，為了在收視率的過度競爭中創造出高收視率，也抱持著「想用受歡迎的人」、「想用有魅力的人」和「想用能引人注目的人」的想法，特意採用「愛誇大」者們。

而問題就在於，即便媒體隱約察覺到：「這個人很『愛誇大』。」還是照用不誤。

例如電視的報導性節目，本來應當由知性人物來提供建言或進行講解，才是對觀眾有益處的作法；但節目常用的，反倒是善於演戲的做作型者。並非做作型者值

得信賴，而是因為採用做作型者更能創造出高收視率。

「這個人雖然輕浮，不過，就算採用愛說理的人，也很難取得高收視率……」

這正是節目製作單位的真心話。

以前，我曾受邀出席針對學力下滑問題進行討論的電視節目。當我在協商之際拿出統計數據做說明，卻得到「數據一拿出來，就沒得討論了。所以，請您到最後再提吧。」的回應。結果，直到最後還是沒有讓我使用該份統計數據。我想對節目製作單位而言，話題的炒熱更勝於客觀資訊的傳達吧。

說到電視，在日本由於新電視台的開辦不易獲得核准，以致台數相當少，而且無論轉到哪個頻道，每台所播的節目都大同小異，呈現各電視台均並肩而行的現象，我認為這將是個問題。

尤其是政治方面，傳播法有政治中立或不偏不黨的明文規定，原則上，無論哪家電視台都要留意報導的公正性，因此，各電視台報導節目的內容自是都相去不遠。

然而，實際上，誠如先前所例舉的東京都知事選舉，從媒體僅聚焦在「主要三大候選人」身上，卻對其餘候選人近乎無視的現象中，我們就可知道「政治中立」、「不偏不黨」的說詞單單只不過是種裝飾罷了。

既然如此，與其制訂這種根本做不到的法規，不如讓電視台各自持有獨自的政策，例如這家電視台是偏右翼，那家電視台則是偏左翼。如此一來，觀眾也可以挑選自己所喜歡的電視台來收看。播放表明「不偏頗」，實則卻有所偏頗的電視節目，勢必會引來觀眾的不滿。如果觀眾一開始就清楚知道這是有某政治傾向的電視台，且是照自己的意願選擇收看，自然就不會埋怨。幾乎所有的先進國家，電視台台數雖然多，立場區別卻很清楚。

尤其是報紙等媒體，更有知性程度高與知性程度不高的區分。好比說，法國的《世界報》（*Le Monde*），即便銷售量只有三十萬份，卻是知識階層最愛閱讀的報紙，因而具有相當的影響力。

又如美國的《紐約時報》（*The New York Times*），雖然只是地方報紙，卻被視為高水準的全國性報紙。

至於日本，提及知性程度較高的報紙，大概就是《日本經濟新聞》吧。因為這是經濟報，內容自是比較偏向經濟方面。

不過，在日本的電視界，以知識階層為對象的電視台卻連一台也沒有。所有的電視台都是大眾取向，盡做些迎合大眾的節目。而屬於公共電視台的NHK，也只有在沒有廣告這一點有別於民營，節目內容倒不一定優於民營電視台。

再者，電視台的人也對一般民眾甚為鄙視，以為：「要是播放稍微有點艱深的節目，觀眾就會看不懂了。」當然，他們都自認為自己是知識階層的人。

像我偶爾也會受邀擔任電視節目的評論員，而電視台的人總會一再提醒我：「因為只有中學學歷的人也會看我們的節目，還請您務必以這些人也聽得懂的簡單詞句來說明。」

只有中學學歷的人，不一定都是知性程度低的人；反過來說，擁有大學文憑的人，其中也不乏是笨蛋。所以說，我們無法根據學歷來判斷一個人知性程度的高低。但電視台的人，因為都自詡為知識階層，無不抱持著「反正觀眾都是笨蛋，與其採用言詞稍嫌艱深的人，不如採用言詞簡單易懂的人」的想法。另外，一旦配合知性程度低的人來發言，知性程度高的人自是會覺得很無趣。

就這層含義而言，做作型者不僅善於表達，也具有吸引眾人目光的魅力，電視台當然會想採用這樣的人。至於被採用的人，只要能夠出名，收入就會增加，甚至還有機會成為世俗所認定的「成功者」。在美國，無論是電視局還是贊助廠商，都認為知性程度越高的人收入越多，因此，即便收視率低，只要有知性程度高的人願意收看，廣告收入便會增加。反觀日本，因為抱持著收視率至上主義，這般趨勢已越發高漲。

於是，在發展出由做作型者、傾向採用這些人的電視台，以及對這般電視節目深信不疑的民眾所形成的結構的同時，做作的表現也就此成了為獲取成功的適性之一。

至少在電視界或大眾傳播界，現今的時代已成了「愛誇大」者容易獲得成功的時代。

第二章
在你周遭「做作型者」的真面目

明知故作的做作型人格

做作型者容易交到「誇大的朋友」

雖說同為「愛誇大」的類型，但做作型者與自戀型者對於周遭人們的反應卻大為不同。

話說二者同樣都具有「想引人注目」、「想引起他人興趣」的渴望，不過，自戀型者相對於自己非得獲得他人稱讚才肯罷休的渴望，對他人卻從不開口稱讚，也因為缺乏同理心而無意去了解他人的心情。

例如，假設有位很普通的女性與一名超自戀的男性約會。

當兩人一起開車出去兜風時，若聽到女性表示：「我口渴了，想喝點東西。」

正常男性不外乎會回應：「那麼，我們找間咖啡廳吧……」或「要在便利商店買點喝的嗎？」然而，自戀型男性只會回一句：「我又不會覺得口渴。」車還是照開，完全不會想繞路去買飲料。不僅如此，當兩人進到餐廳用餐，自戀型男性也不會顧及女性的意願，便擅自替她點餐。

因為缺乏體貼的心，所以對他人「口渴」的痛苦或需求十分遲鈍無感，甚而以為自己覺得好的，他人也同樣會覺得好，故而擅自替對方點餐。

如此這般，思考及行動都相當以自我為中心的自戀型者，很常被周遭的人們所討厭。

另一方面，做作型者相較起自戀型者，更善於溝通。當然，做作型者也是為了引人注目而「誇大」自我，不過，因為他們比自戀型者更活潑開朗，又有演技和表現能力，所以經常為周遭人們帶來歡樂。

我個人也很常與做作型者有所往來。當對方帶我到他常去的酒店時，總會向朋友自豪介紹說：「這傢伙很厲害喔。」

對我來說，這是很難為情的事；但做作型者除了會想讓自己看起來很厲害而

「誇大」自我外，還會拉周遭人們作伴，抱持著「我的朋友也是大人物」的期望，將他們誇大成「偉人」或「高手」。而這般作法竟出乎意外地並不討人厭。儘管明白他是在說大話，甚至誇張到成了謊言，但做出這種「誇大」的人，就是很難遭人厭惡。

再者，做作型者縱使會為了受人稱讚：「你好棒！你好可愛！你好厲害！」而美化自己，但不同於自戀型者，他們也很常誇讚他人：「你好棒！你好可愛！你好厲害！」，所以很容易就交到「誇大的朋友」。

有關這一點，由於自戀型者總是看輕他人，自認為：「除了我之外，其他人都是笨蛋。」自然難以建立起可以交到誇大朋友的人際關係。

明知故作、虛張聲勢的做作型者

有辦法在他人面前馬上哭出來的人，或許可說很有演戲天分吧。

這不僅限於女性，也適用於男性；而能夠當場哭出來的男性，也不限於較女性化的男性。

誠如家鋪隆仁那般，明明平時看似很有男子氣概，卻容易為一點小事感動到當場哭得唏哩嘩啦的男性也大有人在。

這般過度的情緒化也是做作型者的特徵之一。不止是愛哭，也容易暴怒，一下傻笑，一下又變得膽怯……像這樣，情感的起伏相當激烈。話雖如此，做作型者倒是出乎意外地鮮少讓周遭人們覺得反感，我想這也可說是他們的優點吧。

家鋪隆仁在前往各地巡迴演出的時期，曾與不願聽自己唱歌的客人打成一團；甚至連出名後，也曾在自己所主持的談話性節目中，向節目來賓立川談志扔擲菸灰缸。即便他有不少情緒激動過頭的舉止表現，他任性耍賴、愛開玩笑的一面，仍受到關西民眾長久的喜愛。

做作型者總會想美化自己，不過，他們並非想扮演完美的自己，既有訴諸於情的地方，也有稍嫌少根筋之處。好比說，撒了十分顯而易見的謊。因此，就這層含義而言，做作型者並不是完美主義者。

完美主義者不會誇口自己做不到的事。縱使他人有所請託，也只會答應自己有百分百自信完成的事；而一旦接下請託，就非得做到完美無缺不可。

然而，做作型者面對自己做不到的事，大多會毫不考慮地輕易答應。他們不是真的想成為完美無缺的人，而是尋求一種感覺，認為：「只要讓自己看起來像完美無缺就行了。」

對一般日本人而言，他人所給的過高評價，是一股莫大的壓力。當遠超過自己實力的工作落到頭上時，大多數的人無不表明：「如此重要的工作我真的承擔不起。」加以拒絕。至於做作型者，與其說他人所給的過高評價是一股壓力，倒不如說是一種快感。因為自己也「愛誇大」。所以說，當做作型者獲得超出自己實力甚多的高度評價時，反而會感到開心不已。

如此這般，做作型者有不少愛虛張聲勢的人。例如，明明薪資低得可憐，卻佯裝自己賺很多錢，不時請朋友吃飯；甚至為了購入高級服飾、高級手錶和高級房車，寧可不吃不喝，也要打腫臉充胖子，貸款買下。

當然，即便不是做作型者，也會想虛張聲勢。誠如我認為不是做作型者的夏恩K，他也藉著虛張聲勢來美化自己。不過，因為他對「誇大」這事有所自覺，所以連記者會也沒開。就某種意義來說，他還知道「羞恥」吧。

至於像小保方或佐村河內這類的做作型者，就算或多或少對「誇大」這事有所自覺，也不認為自己做錯事，甚而留下他們是為了讓自己成為矚目焦點才召開記者會的印象。

換言之，做作型者的目的就是要引人注目，因此，即便「誇大」被揭穿也無關緊要。這也就是說，他們明知會被揭穿，還是選擇「誇大」自我。像這樣，自己也明白這是種虛榮，卻仍毫不在乎地虛張聲勢的，這就是做作型者。

從犯罪與校內階級中所窺見到的偏差做作型

想引人注目而犯罪的人們

有關做作型者所具有的「想引人注目」和「想出風頭」的強烈渴望，先前均有過詳盡的敘述。其中，若是非常惡質的做作型，有時也會看到為了讓自己出名、成為矚目焦點，甚至不惜犯罪的例子。

尤其是當一九九七年神戶連續兒童殺傷事件的酒鬼薔薇聖斗（少年A）出名後，抱持著「我也想變得跟少年A一樣受人注目」的想法而犯下凶惡罪行的案件越發顯而易見。

例如，發生於二〇〇〇年五月的西鐵巴士挾持事件（一名少年持牛刀挾持一部從佐賀市開往福岡市的高速巴士，有一名女性遭刺殺，二名女性身負重傷），犯人是當時才十七歲的少年，遽聞他在事後曾提及神戶連續兒童殺傷事件的少年A，並且說道：「他是神。」

又如二〇一四年發生於千葉縣柏市的隨機殺人魔事件（有二人遭殺傷）犯人，遭判無期徒刑的竹井聖壽，也曾向網路聊天室的網友表示：「我很崇拜酒鬼薔薇聖斗。」

另外，二〇一五年的名古屋老婦殺人事件犯人女大學生，也曾於網路寫下「我很景仰神戶連續兒童殺傷事件的酒鬼薔薇聖斗，以及秋葉原隨機殺人魔連續殺人事件的加藤智大死囚犯」的留言。

上述三名犯人，雖然都無法斷定為做作型者，但他們對於少年A的崇敬和崇拜，很難說與他們犯案的動機完全無關。

一旦發生凶殘犯罪，有時該犯人的成長歷程及境遇就會被視為問題所在。假如其成長歷程及境遇確實為犯案肇因，那麼，要抑止這類事件發生的可能性簡直微乎其微。因為，成長歷程及境遇是無法改變的。一般都認為只要進行心理諮商，必能稍微矯正他們扭曲的性格，但實際的進展卻不如想像中的順利。而另一方面，有過這般充滿不幸的成長歷程及境遇的人們，大多數都沒有就此轉向犯罪也是事實。

不過，他們若是為了讓自己成為矚目焦點而犯罪，或許能將他們這樣的渴望轉移到其他方向，避免走上犯罪這條路。因為犯罪並非目的，應當可以讓他們以有益社會的形式來滿足自己想受人注目的渴望。當然，他們或許就是沒辦法做到才會走上犯罪這條路。若是如此，那麼，表明犯罪無法讓自己出名的報導呈現方式，應該也有助於抑止這類犯罪的發生。

在此，我們試著來了解一下佛洛伊德（Sigmund Freud）的決定論，以及阿德勒（Alfred Adler）的目的論。

以精神分析著稱的佛洛伊德，探究心理疾病的原因，打算以除去病因的方式來治療病患。若將佛洛伊德所提出的決定論套用到犯罪上，所得到的觀點便是「因孩提時代曾遭受父母虐待而導致心理扭曲，就此走上犯罪之路」。

另一方面，與佛洛伊德同時代的阿德勒，則提出了目的論。換言之，他的著眼點是在於「為了甚麼而犯罪」，而非「甚麼原因導致犯罪」。如此一來，我們或許可得到「期望成為邪惡英雄，成為矚目焦點」的結論。

若是這樣，大眾傳播大肆報導罪行的作法，反倒會讓犯人欣喜若狂。因為他達到了「渴望受人注目」的目的。

再者，看到大眾傳播如此充滿煽動性的報導，說不定也有人會萌生「期望自己也能成為矚目焦點」的想法。

誠如方才提到的那三名犯罪者對少年A十分崇敬那般，看了大肆報導少年A罪行的新聞而不禁心想：「哇，好強喔！這傢伙才十四歲就已經成了聞名全日本的巨星了！」的人，肯定還有許多。

假設這樣的人，在現在的日本每一萬人中就有一人。日本目前的總人口約為一億二千五百萬人，若簡單計算，全日本就有一萬二千五百名的「少年A預備軍」。就算以每十萬人中有一人的比例來計算，全日本也有一千二百五十名的「少年A預備軍」。

像這樣，要是今後仍有視少年A為英雄，或是模仿其他事件，為了引人注目而犯下凶惡罪行的人出現，這也不足為奇了。

因此，為了降低這類「不惜犯下凶惡罪行，好讓自己成為矚目焦點」案例的發生，如何約束媒體避免大肆報導，也可說是一大關鍵。

針對凶惡罪行與做作型者所具有的「想引人注目」和「想出風頭」等渴望之間的關連性，我們已做了相關探討；而從中可得知，渴望的宣洩口若轉錯方向，很有可能就會導致嚴重後果。

誠如先前已提過的，現代社會中的做作型者人數正不斷增加。因此，可想而知，惡質的做作型者人數同時也正不斷增加。

當有兇殘犯罪發生時，大多數的日本人都習慣將之視為他人之事。不過，在做作型者人數不斷增加的現代社會，無時無刻一定要抱持著「『少年A預備軍』或許就在自己身邊」的警覺性。

我們離做作型橫行無阻的學歷社會不遠了

有助於解開國、高中校園內霸凌結構的其中一個關鍵，那就是「校內階級」。

所謂的校內階級，是指存在學校教室內的一種階級制度。據聞一般都是按「一軍、二軍、三軍」或「帥男、普男、醜男」等方式來分階級，且各階級之間幾乎不會有所交流。

而決定這樣校內階級排序的要素正是「聲望」。聲望高的一軍猶如領袖般的存在，二軍是其跟隨者，三軍則被稱為怪胎並排除在外。

社會教育學研究者鈴木翔，曾向在學學生和現任老師進行訪問調查，並將校內階級的現狀彙整成《教室內階級》（教室内カースト光文社新書）一書。

從調查報告中可得知，在學生眼中，校內階級是權力結構；但在老師眼中，校內階級卻是能力分組。

好比說，若從學生的角度來看，班上最出風頭、具有發言權的學生們是一軍，而（自認為）不被賦予發言權的學生們則是三軍。另一方面，若從老師的角度來看，溝通能力最好的學生是一軍，而溝通能力最差的學生則是三軍。至於二軍，他們就是介於一軍和三軍之間的一群。

被貼上三軍標籤的學生，據聞既不能搶在一軍或二軍之前發言，也不可表現得太過搶眼。反觀一軍的學生，由於必須時時想辦法讓自己引人注目，做為班上的意見領袖，因此，據說也有不少人備感壓力。

不過，對於喜歡出風頭或成為矚目焦點的做作型學生——例如自古以來在大阪被稱為「Ichibiri」的愛出風頭者，或是常被說「你真的很搞笑，快去加入吉本喜劇吧」的受歡迎者，因為他們喜歡引人注目，又不會感到壓力，要是登上一軍，便很容易取得權力。

像這樣，做作型者進入校內階級的一軍，過著比二軍、三軍更游刃有餘的學校生活，如此的生活型態勢必將不斷在日本各地蔓延。

我們不難想像被貼上三軍標籤的學生，學校生活過得有多痛苦，但若能奮發圖強，考上好的大學，便有可能翻轉排序，迎向充滿希望的學生生活。

事實上，高中時代被稱為廢人或怪胎，且遭班上排擠的學生，在卯足全力認真念書後（現實中的確有因為班上很無趣，反倒覺得念書比較實在的學生），順利考上東大，上演人生逆轉戲碼的例子，倒也時有所聞。然而，誠如第一章所提到的，今後將會擴大採取ＡＯ考試。一旦透過面試、小論文、自我評價，或自我推薦信等評鑑方式，而非紙筆測驗分數入學的人變多（實際情況是，自二〇二一年春季入學考試開始，包含東大入學考試在內，所有大學通通都要採取AO考試），善於自我推銷的做作型者們進入大學校園後，或許又會出現與校內階級相似的等級制度。換言之，原本的學力排行，將轉變成推銷能力排行，並成為排序的依據。

東大若成為一軍的巢穴，自以為高人一等，毫不掩飾其精英意識的學生肯定會增多。以往，學業優異但欠缺自我推銷能力的東大畢業生比比皆是，就算出社會後，表現不如學業差勁但善於自我推銷的其他大學畢業生，由於東大畢業生講話比較大聲，或許不大可能會上演逆轉戲碼。

遽聞美國哈佛大學有許多精英意識甚高的學生。其畢業生當中，甚至有人到了四、五十歲，仍身穿印有大學名的運動衫，頭戴繡有大學名的帽子，毫不掩飾「我是與眾不同的，因為我是精英」的精英意識。

東大如果也變成這樣，究竟會有多討人厭呢？再說，距離成真的日子也不遠了。

目前會自行說出學校名的東大生應該還不多。畢業生也是一樣。因為要是說出自己是東大畢業的，連本人也覺得這聽起來似乎有點像是在炫耀。

不過，「愛誇大」者們一旦經由AO考試相繼進入東大就讀，屆時校園內多得是滿腦子只想如何讓自己看起來「很能幹」的學生，而不再是「深藏不露」的學生。

老實說，近年來在社會上，根據自我推銷能力的競爭和排序已逐漸成為理所當然的事。無論在學校、體育界，還是職場上，都已成了做作型者們的天下。

飽受「誇大經歷」之苦的面試官

在美國，不懂得自我推銷的人一般都會被視為沒有能力的人，很難在社會上出人頭地。反之，懂得自我推銷，秀出自己優點的人，則會被視為有能力的人，也比較容易在社會上闖出一片天。

如此想來，在校內階級中，像做作型者那樣懂得展現自己、成為班上紅人的學生，看在老師眼中也是屬於有能力的人。那麼，就這層含義而言，或許可說日本的社會型態也跟美國十分近似。

如此這般，隨著社會持續演變成適合做作型者們、愛誇大者們生活的型態，抱持著「不惜說謊也要自我推銷」這般想法的人勢必也會出現。

我個人認為在做作型者心中，無時無刻都存有著這樣的誘惑。因為，對做作型者而言，他們優先考量的是自己夠不夠出風頭，而非該不該說謊的問題。有關說謊這件事，他們比一般人更不覺得有所抗拒，所以才會毫不在乎地拚命「誇大」。

話說這只是我的猜想。尤其是最近的企業人力招募，我想飽受做作型者「誇大」之苦的面試官應該為數不少吧。

雖說還不至於會在履歷表上捏造自己的學經歷，但對於自己僅參與一小部分的專案，卻有可能會誇大成自己是領導人，或者是將自己在前公司的業績灌水成兩倍多。而面對做作型者這樣的敘述，必定會有面試官深信不疑並予以錄用。等到實際交付工作後，這才發現對方的實力根本不是這麼一回事……。

然而，就現實面來看，相較起謹慎保守的人，懂得靠誇大之詞來強力自我推銷的人，確實更有機會通過轉職面試。

因為體系本身就是如此。這也就是說，日本公司不像美國那樣擁有專業面試官，因此，在跟轉職應徵者交談時，十分欠缺辨別對方是否真的對公司有所助益的能力。

在日本，連大學入學考試的面試也不是由專業面試官來負責，要識破考生的「誇大」的確有困難。不少面試官都以為高中生很純真，絕不會在自我推薦信上扯謊。

有關這一點，由於美國的入學考試制度是以「人都會『誇大其辭』」為前提制定而成，自是容易揪出「誇大」者。

誠如前述，AO一詞被翻譯成「招生事務處」。好比說，哈佛大學的招生事務處擁有多達二千名的專職人員；進行入學面試時，則會由受過扎實訓練的專業面試官坐鎮，負責揭下考生「誇大」自我的假面具。

反觀日本，既沒有專職人員，也沒有專業面試官。面試都是由大學教授來負責的。

說起來，美國的大學教授多半是社會上的成功者；而日本的大學教授卻大多缺乏社會經驗，所以才會難以識破做作型者的「誇大」。

如果讓毫無能力，只懂得自我推銷的人不斷考進醫學院，那麼，要是像某位害死十八名病患，只因他善於辯解，前十七名病患死亡時都沒有被識破的醫師（該名醫師也是經由面試考進醫學院）那樣的人變多了，這也不足為奇了吧。但願這只是我在杞人憂天罷了。

做作型者越來越容易生存

單靠外表吸引人來關注沒有內涵的自己

韓國這個國家看似對美容整形相當沒有抵抗力。日本的熱中程度雖然還不及韓國，但確實也是有重視外表更勝於內在的傾向。

例如，以前的銀座女公關是非常知性的，而前去銀座的男性，一般也都是去有這類充滿知性氣質且善於待客的女性的酒店。不過，近年來，反而是聚集了所謂相貌佳，或是疑似當不成模特兒女孩的酒店大受歡迎。

這或許顯示出了包含寬裕教育（Yutori education）在內的愚民化政策的實施，讓日本男性逐漸幼稚化的現象。若再加上帥男熱潮的興起，我們可說重視外在魅力的時代已經來臨。

而這也讓沒啥內涵，只懂得「誇大」外表的人，更容易在這社會上生存。

好比說，女主播就是個最好的例子。在國外，女主播的採選，一般都是重視其說話內涵及知性面；然而，在日本，卻是毫不在乎地採用不具有這些上述特質的人。

就像有位曾做過酒店女公關的女性，一度被某電視台內定，後來卻又取消了她的錄用資格，結果雙方就此鬧上法院。相較起以對方曾做過女公關的理由而取消內定的爭議，我想該電視台在一開始決定內定人選時，就只重視外表而無視內在的作法，反而才是問題所在吧。

又如東日本大地震那時，採訪東北受災區孩童的影像曾在電視上播出。當我聽到從受訪孩童口中所說出的話，不禁對這群不說東北方言，反倒說了一口流利標準語的孩子們留下深刻印象。

這表示孩子們的日語學習，大多是透過說標準語的電視，而不是由父母、祖父母或學校老師所教的。若是如此，電視台更應該雇用懂得正確使用日語的播報員。

話說若想成為女氣象播報員，就得通過氣象預報員的國家考試（雖說也有播報員是不具備氣象預報員資格的）。那麼，對於女主播，也應該制定個類似日語國家考試的制度，並規定只有通過考試的人才可以當播報員。

現在的日本電視界簡直是可嘆至極。女主播軍團上機智問答節目，竟然還洋洋得意地說自己日語很差，實在教人難以置信。

不僅如此，當事人看似還很慶幸自己日語差，得以靠著「明明是女主播，日語卻如此差勁」的勁爆點成為矚目焦點。

由此看來，日本的電視文化也已經完全被做作型者滲透了。

受人注目的做作型歷史偉人及名人

歷史上的偉人應當也有不少做作型者。例如野口英世也可算是其中一人。

若說野口究竟有哪個地方像做作型者？我認為就在於他所遭遇到的悲慘經歷和艱辛過往，聽起來實在太像八點檔連戲劇了。

野口生於貧窮農家，一歲時因跌進地爐，受了重傷，導致左手傷殘不便。因為這緣故，母親認為他不適合務農，便鼓勵他努力求學，靠學問過活。

小學成績優異的野口，後來進入高等小學就讀。那時，他曾寫了一篇感嘆自己左手傷殘的作文，對此深感同情的老師和同學，便幫他募集了一筆手術費用。於是，野口靠著這筆錢接受手術治療，讓左手手指得以正常活動。而這樣的經驗也讓他立志將來要成為一名醫師。

埋頭苦讀的野口，年僅二十歲便取得醫師證照，並前往非洲從事細菌學的研究。他曾三度被提名為諾貝爾獎候選人，卻都沒有獲獎。最後，他染上了自己正在研究中的黃熱病，在非洲嚥下了最後一口氣。

野口英世的生涯約略簡述如上。他不畏貧困和傷殘，勤學不倦，年紀輕輕就當上醫師，更以細菌學研究者的身分成為諾貝爾獎候選人，最後客死他鄉。像這樣，野口的一生無不充滿了許多可視為偉人的要素。

然而實際上，他在學問方面並沒有甚麼值得一提的貢獻。野口在黃熱病的研究上十分著名。他聲稱自己已找到病源體，甚至還製作了疫苗，但他所發表的內容其實有誤，想當然爾，疫苗也不可能有效。相較起發現鼠疫桿菌（Yersinia pestis），成功研發出白喉症和破傷風抗毒素的北里柴三郎，二人可說是天差地別。

即便如此，他的一生之所以仍以偉人傳的形式持續流傳至今，想必是他那極為戲劇化的悲慘經歷和艱辛過往（向他人講述自己的成長經歷）造就了他個人的魅力。

野口英世生於一八七六年；而一八六八年，日本年號才剛從慶應改為明治。如此想來，野口剛出生的那個年代肯定還留有江戶末期大變動的餘韻。

換言之，在野口出生前沒多久，正是維新志士甚為活躍的時候。而我個人認為在日本歷史上，根本找不到有哪個時代的人，會像明治維新這段時期的人們一樣愛出風頭、跋扈囂張。

說起愛出風頭的人，自是不能不提坂本竜馬。原為土佐籓鄉間下級武士的竜馬，以一介脫籓浪士之姿，卻還跟長州及薩摩的高層會面，可謂出盡風頭。

除此之外，又如薩摩的西鄉隆盛與大久保利通、長州的伊藤博文與木戶孝允、佐賀的大隈重信與江藤新平，以及紀伊的陸奧宗光……等不勝枚舉。

由於善於自我推銷者們得以在這個時代大展身手，就某種意義而言，也可說是做作型者遍地開花的時期。

那麼，現代若與之相比又如何呢？從政治界正以靠著黨領導人受歡迎的程度來打贏選戰的發展情形來看，似乎已不再像以前那樣，靠數字遊戲來分出勝負，而是演成某種「最出風頭者為勝者」的競爭模式。

雖說如同明治維新那般的氣勢已不再，但就政治被掌控在愛出風頭者手中的這一點而論，或許可說二者是相似的。

重視過程，「先誇大先贏」的時代

近年來，日本飲食文化在某方面有了極大的改變。

好比說，以前到高級壽司店用餐時，若遇到沉默寡言的師傅不發一語就端出美味的壽司，這是很正常的事。但到了現在，這種類型的店早已不流行了。

如果到獲得美食餐廳指南或米其林指南高度評價的餐廳用餐，有時會聽到這樣的一段話：「今天的鮪魚是手釣的大間產頂級鮪魚。上週才剛釣獲，沒有經過冷凍，就這樣直接空運過來。我以自己的獨門方式做好處理，並經過一週的熟成後才拿出來料理。這跟一般隨處可見的食材是完全不一樣的。這可是由寒冷北海所孕育出的野生黑鮪魚，不僅肉質緊緻，油脂也很肥美。請您務必好好品嚐這番美味。」

如此這般，一旦加上絕妙的解說，美味似乎也跟著翻倍。這或許可說是某種暗示效果吧。在享用之前，先灌輸讓人光聽就覺得美味的資訊，一旦真正吃進嘴裡，自然也會覺得：「真的好好吃！」

不止是壽司，又如日式套餐料理、法式料理，或是紅酒等，像這樣只要加上詳盡的解說便能增進食慾的餐廳，現在非常受歡迎。換言之，一句話都沒說就端出料理來的餐廳，相較起有先做能夠刺激食慾的簡介才端出料理的餐廳，其價值已大幅滑落。

不過，若換個角度來看，默默端出料理的餐廳其實是以成果來決勝負。反觀有做講解的餐廳，則是重視過程（當然成果也不馬虎）。這也就是說，這成了究竟是成果重要，還是過程重要的爭論。而實際上，日本人多半都是認為過程比較重要。

例如，假設有人看似做事草率，但工作效率良好。這種人在日本很不受歡迎。橫綱若以貓騙伎法取勝，就會被說是敷衍了事而導致評價低落。因為並非只要獲勝就好，還得以符合橫綱身分的戰術來取勝，所以說，過程的確很重要。

問題在於，如果凡事都重視過程，善於呈現或表達的人就會更容易在這個社會生存。

安倍率領的自民黨之所以常在選戰中獲勝的原因之一，也可說是他們比其他黨派更善於表達吧。若有他黨議員批判安倍經濟學，自民黨就會回應一句：「那是要退回到安倍經濟學之前的暗黑時期嗎？」藉此蒙蔽國民。由於大家都忘了安倍經濟學之前的狀況，便不禁心想：「啊，說得也是。」

但實際上，在安倍經濟學之前是否真為暗黑時期，根據臨時雇工的比例，其實是之前比較低，而相對貧窮率也是比現在低；再加上實質薪資是之前比較高，反倒讓人覺得安倍經濟學所創造出來的，才是暗黑的世界。雖說比起民主黨時代，失業率的確有所下降，不過，民主黨那時候的失業率也是比再之前的自民黨執政時期來得低。再者，民主黨時代的失業率下降幅度（五．四％→四．二％），甚至比安倍政權的失業率下降幅度（四・二％→四・〇％）還要來得大。

如此這般，明明沒做出甚麼成果的自民黨之所以常在選戰中獲勝，就是因為他們非常善於表達。當然，如果想針對自民黨那志得意滿的發言加以反駁，還是有辦法做到。只不過，其他黨派的成員盡是些不善於表達的人（實際上，這從一般人幾乎都不知道方才所提到的失業率下降幅度，以及以美元表示的GDP成長率，都是民主黨時代勝過安倍政權的事實就可看出來），自是難以贏過自民黨。

如同政治界這般，誠如先前所說，教育界也迎向了適合善於表達者生存的時代。「以往透過紙筆測驗的評價方式已不符時代需求了（真是如此嗎？）」在過分強調這樣的想法之下，教育界已朝向重視熱情和態度的方向邁進。

要是大家都重視過程更勝於成果，那麼，自己該如何表達、該如何呈現，將成為關鍵所在。好比說，就算紙筆測驗考了一百分，但要是有關熱情、態度或表現等方面的評價偏低，根據現在高中入學所採用的觀點別學習評量，很可能只會得到「三」（五階段評量）的評價。

像這樣的教育體系，因為很容易栽培出認為與其取得好成績，不如想辦法讓老師覺得自己看起來很優秀的學生，不僅更適合做作型者生存，也會讓原本不是這類型的學生積極想成為做作型。

做作型者的大量湧現，以及今後也將不斷湧入社會的現象，在在表明現今這個時代已成了做作型者容易生存的時代。「如今只希望這個時代不會變成讓『誇大自我』者占盡好處，卻讓腳踏實地過活的人連連吃虧的世界。」我想會如此祈求的，肯定不會只有我一個人吧。

第三章
在你周遭「自戀型者」的真面目

人類或多或少都是自戀的生物

「最愛自己！」一般常見的自戀型者

一般而言，人都會有覺得自己可愛，或覺得自己很棒的想法。這就是所謂的「自愛（self love）」。

原是佛洛伊德學派精英，後來建立「自體心理學」這套獨特理論體系的奧地利精神科醫師海因茨．科胡特（Heinz Kohut，一九一三～一九八一年）表示：「人類是渴望自愛獲得滿足的生物；自愛若沒有被滿足，或是受到傷害，就會引發心理問題。」

的確，只要是人，無論是誰都會認為「我很可愛」。那麼，要是有人只管愛自己而不關心他人，結果被批評說心理不成熟，這也無可奈何。

假設你有喜歡的異性。如果你連一丁點的愛都不願給對方，卻要求對方要全心全意地愛著你，這就很難說是成熟心理的表現。

反之，如果因為自己渴望被愛，所以也視對方為重要之人且願意付出愛，這才是一名成熟大人應有的表現。

渴望自愛獲得滿足本身並不是壞事，也不是不健康的心理狀態。問題乃是在於，有人長大成人後，仍舊抱持著「幼稚的自愛」。

這類型的人，不知愛他人的重要性，只求自己被愛。因為幾乎沒有人能夠滿足這般任性的渴求，結果，連他人也難以滿足自己的自愛。

渴望被愛卻得不到愛。如此一來，因為自愛受到傷害，有時便會對無視自己的他人產生恨意。當這樣的情形達到病態等級時，就是所謂的「自戀型人格障礙」。

自戀型人格障礙患者，由於自愛特別容易受到傷害，因此很難與他人建立像樣的人際關係。

好比說，在職場上工作出了錯，遭到上司的責罵。受到指責或挨罵，對任何人來說都不是甚麼愉快的事。

不過，上司罵人想必不是出於惡意，而是抱著期望部屬能獨當一面的心態給予指導吧。所以，一般而言，在受到上司指責之際，只要有正當理由，就算一時心情低落、氣憤難平，還是能夠接受，心情也會逐漸平復。

然而，自愛特別容易受到傷害的人，當受到他人否定的對待，便會覺得自己的存在完全被摧毀殆盡，哪怕上司只是稍作提醒，也會認為對方充滿惡意，進而爆發激烈怒火，或當場嚎啕大哭，或變得憂鬱畏縮。

這是因為原本期待獲得對方一句「沒人比你更厲害」的稱讚，結果卻被說：「你根本做不到吧。」而導致自愛受到令人想發狂的嚴重傷害。

像這樣，根本不可能與他人建立正常的人際關係，也很難擁有正常的社會生活。

當然，現在所說的，是自戀型人格障礙的特徵之一。不過，就現實層面來看，即便沒有發展到如此極端的地步，在我們周遭多少都會有自愛仍不夠成熟的人存在。

這類型的人總以為：「沒人比我更聰明偉大。」一心只想讓自己看起來很厲害，獲得他人的稱讚，所以才會「誇大」自我。

但是，自愛每個人都有，也都認為自己很重要。這就表示人類是或多或少都具有自愛的生物。

而在這之中，不惜誇大自我的「最愛自己」者，則可說是具有比一般人更為強烈的自愛。

不成熟的自愛與成熟的自愛

據科胡特表示，小時候自愛沒有獲得滿足的人，越會想靠誇大自我來逃離沒有被滿足的自己，或是在得不到他人稱讚時，越容易感到不悅。

因為他們對於沒人懂自己這件事感到相當憤怒。

相反的，從小就常被誇讚：「你是最可愛的。」像這樣，自愛得以獲得滿足的人，心理的發展就會比較健全。

這也就是說，獲得滿足的自愛，對人類的心理成長及心理健康是十分重要的一環。

科胡特也指出，自愛若沒有獲得滿足，可能會發展出扭曲的人格。例如，容易鬧彆扭，過於自以為是；或是強烈渴望受到稱讚，若得不到稱讚便會感到極度不悅；又或者容易對他人冷淡。

因此，即便自愛本身並沒有不好，但自愛若沒有獲得滿足，就會變成扭曲變形的自愛。

科胡特在提出「自體心理學」這項獨特概念之前，曾醉心於佛洛伊德的精神分析（psychoanalysis），甚至被人稱為「精神分析先生（Mr. Psychoanalysis）」，致力鑽研佛洛伊德的理論，同時也是一位優秀的講師。然而，相當於其導師的佛洛伊德，並不認為自愛是成熟的。

佛洛伊德將自我的發展階段分成「自體享樂（autoerotism）」→「自愛」→「客體愛（object love）」等三個階段。

最不成熟的是自體享樂，例如幼兒對自己身體的一部分，如手、口腔或生殖器等甚感興趣的階段。

而相較起自體享樂，在心理層面稍顯成熟的是自愛。這是在愛整體的自己，而非部分的自己的狀態下，對他人欠缺關心的階段。就算看似有愛他人的表現，這也是因為對方愛自己，所以自己也愛對方；或是對方稱讚了自己，所以才愛對方。如此這般，佛洛依德認為在這為了自己而愛對方的階段，心理是處在無法自立的狀態。

至於最為成熟的階段就是「客體愛」。無關對方是否愛自己，個體已確立的自己，在對對方無所求的情況下主動去愛對方，這便是最為成熟的階段。而這樣的愛或許也很接近不求回報的「無償的愛」。

然而，自己能否去愛一個絲毫不愛自己的人，對人類來說，這是不大可能辦到的。

好比說，會有人認為「就算配偶有外遇，只要自己仍愛著對方就夠了。若能對所愛的人自由享受外遇一事感同身受，自己也會感到開心」嗎？除非是像神或佛祖般崇高的人，才有可能辦到吧。

科胡特也對佛洛伊德的這套理論抱持懷疑的態度，最後提出了「自愛」→「未成熟的自愛」→「成熟的自愛」等三階段的發展模式。

只顧著愛自己的，是未成熟的自愛。這與佛洛伊德所提出的自愛概念是相同的。不過，若到了能夠透過愛他人來滿足自愛的階段，這時的心理狀態就不能再說是未成熟的。雖說科胡特的理論也是經過一番曲折，不斷進化而成，但終究十分重視這般的互賴（interdependence）。

而自戀型者，若照科胡特的觀點來看，是處在未成熟自愛的階段。自己不願付出，卻要求對方愛自己，這是自戀型人格障礙者的特徵之一。而這樣的心態，就跟不聽媽媽的話，卻向媽媽予取予求的孩子沒啥兩樣。

在社會上與自戀型者來往之際，若站在跟對方同樣的立場、對等的條件下，或許會被對方氣到抓狂。這時候，就要懂得將對方視為無理取鬧的孩子，並適度保持距離。

深信「周遭的人都是笨蛋，根本沒人懂我」的「悲劇人物」

在我們周遭的「愛誇大」者當中，最令人反感的，莫過於自以為「沒人比我厲害」或「除了我之外，其他人都是笨蛋」並且還表現在行為舉止上的人吧。

另外，也有人明明沒啥實力，卻深信：「我不管做甚麼都做得比其他人好。」或認為：「我是最聰明的。」如此充滿毫無根據的自信，實在很難說是心靈健全的人。

若根據現代精神分析的說法，這類的過度自信者，因為甚少受到周遭人們的稱讚，以致自愛無法被滿足；而他們所擁有的過度自信，就是為了填補沒有被滿足的部分。

所以，若遇到了愛擺架子、自以為是的人，那麼，只要把他們都當作是自愛沒有被滿足的人就好。

承襲了科胡特思想的心理學家羅伯特．史托洛羅（Robert D. Stolorow），認為深信自己是「強人」的自信和自戀，可區分成「正常渴望」及「防衛性表現」等兩種類型。

正常渴望的自信是屬於健全的自戀，並沒有甚麼問題。因為周遭人們的漠視，導致自愛沒有被滿足的人，為了保護自己似乎已破碎不堪的心，便會告訴自己：「因為我是天才，所以沒人能了解我。」或說：「那些不懂我偉大之處的人都是笨蛋。」像這樣，讓防衛性的誇大充滿心中。

正常渴望的自信和健全的自戀，若沒有得到周遭人們的反應，便不會有所成長。

這也就是說，就算有把握「我擁有這樣的才能」或「這我可以做到」，單只是如此仍無法滿足自愛。唯有在自己的成果表現獲得他人的稱讚或肯定時，正常渴望的自信和健全的自戀才會油然而生。

若照這樣看來，自戀型者之所以欠缺健全的自戀或正常渴望的自信，則可說是因為沒能充分體會得以滿足自愛的周遭反應，所造成的極大影響。

當然，現在這般人格的形成，不能說全然都是幼時成長環境或父母親教養方式的錯。因為，即便環境和教養有問題，也不一定就會造成人格的扭曲。

不過，若說基於小時候沒有得到應當得到的愛，導致個性高傲冷漠，進而遭人厭惡，這在現實中倒是有可能發生。

科胡特稱這類具有未成熟且彆扭自愛的人為「悲劇人物」。如同在自戀型者身上所看到的，這種只能藉由誇大自己本身來填補沒有被滿足的自愛的生活方式，就難以與人建立良好人際關係的部分來看，或許真的可說是場悲劇吧。

自己非得是中心人物不可——沒受到注目就不爽的交友關係

「期望受到注目」及「想成為中心人物」的渴望，是自戀型者與做作型者的共通特徵。

心中抱持著這般渴望，但在現實生活中卻不受人注目，或無法成為中心人物時，無論是自戀型者還是做作型者，都會因為渴望沒有被滿足而心生不悅。這也是二者都會有的共通反應。

不過，有關後續的態度或情緒表現，二者就有了不同的表現。

例如，對於沒有把注意力放在自己身上的人所感到的不悅，自戀型者的怒火會比做作型者來得更加強烈。

以搞笑藝人為例，做作型搞笑藝人若發現觀眾沒有反應，便會絞盡腦汁，拚命想辦法讓人笑出來。

至於自戀型搞笑藝人，若發現觀眾沒反應，則會認為這是觀眾的錯，對觀眾大發脾氣，心想：「今天的觀眾盡是一群完全不懂搞笑的笨蛋。」

因為自戀型者總認為「我沒有錯」，絕不會自我改進，而是將錯都怪罪到他人身上，自生悶氣。

在我們周遭，或許就有這類型的人。他們相當自戀，一旦發現自己沒有成為中心人物，或不受人注目時，就會對自愛沒有被滿足這件事感到生氣，並且認為這都是他人的錯，絕不會自我檢討。

同樣地，由於周遭人們也覺得自戀型者很難相處，彼此之間自是難以建立像樣的人際關係，或維持良好的友誼。

自戀型者往往只顧著滿足自己的自愛，當自愛沒有被滿足時，也只是一味地怪罪他人，從不會為他人著想。正因為如此，更不會有人願意滿足他們的自愛，於是，就這麼陷入了惡性循環。

深信自己是「特別」的，只有特別的人才懂我

自戀型者欠缺「共同體感受」

自戀型者對於不願稱讚自己的人，會以鄙視的眼光待之，心想：「真是一群不懂我厲害之處的笨蛋。」那麼，他們對於那些稱讚自己的人又是如何看待的呢？事實上，他們同樣也是以高高在上的姿態看人。因為，他們總認為「我是特別的」。

基於「我是特別的」這種想法，自戀型者從不稱讚他人。反倒在自己沒有受到稱讚之際，還會責怪他人，心想：「這群人全都是不知道我有多厲害的笨蛋。他們如果再聰明一點，肯定就會懂了。」因此，根本不可能與人建立良好的關係。

阿德勒認為，像這類型的人大多欠缺「共同體感受」。

我們都是社會的一員。換言之，我們都是這個名為社會，自己也含括在內的共同體的一分子。

據阿德勒表示，沒有深刻經歷過共同體感受的人，不會去考量自己的行動可能對共同體造成甚麼樣的影響，只會顧及自己的利益。

反之，共同體感受深刻的人，在採取行動之際，除了會考量自己的利益外，也會顧及共同體的利益。換言之，就是建立自己與周遭人們「雙贏」的人際關係。

自戀型者之所以喜歡誇大自我，乃是因為他們在潛意識中對自己很沒自信。所以，他們很容易被他人的批評所傷害，或是為了避免受到傷害（精神分析的看法則認為是為了保護自己的心），在面對他人的批評時容易失控暴怒。像這樣，他們確實很難跟周遭的人們相處愉快。

總之，自戀型者的共同體感受是不成熟的。若要說得更詳細些，就是這類型的人很難與周遭人們建立「雙贏」的人際關係。

沒實力卻胡亂虛張聲勢的人們

無論哪個時代的年輕人都對戀愛和異性甚感興趣。當然，自戀型者也不例外。然而，自戀型者就算有喜歡的人多半也不會告白。因為害怕被甩受到傷害。

「成績會不好只是單純沒念書罷了。我若有心要做可是很厲害的。」會說這般話的人，也是屬於自戀型者。

那麼，若說這類型的人是否會為了考得好成績而念書，答案是否定的。因為要是念了書仍沒考到好成績，那就沒台階可下了。他們十分害怕面對現實。

我們再回到有關戀愛的話題。由於自戀型者基於恐懼而不願主動告白，因此，若能由對方告白將是最理想的模式。

為此，他們會開名車，帶對方去高級餐廳，展現出「如何，我很厲害吧」的一面，然後等待對方開口說出「我喜歡你」這句話。

會說「我很厲害」的人，除了自戀型者外，做作型者也是如此。明明沒啥能力，但二者都會藉由「誇大」讓自己看起來很厲害。

不過，也有人既不是自戀型者又不是做作型者（但我倒認為多少還是具有這些要素），是真的很有實力而常把「我很厲害」掛在嘴邊。

好比說，二〇一六年六月過世的前世界重量級冠軍職業拳擊手穆罕默德．阿里（Muhammad Ali）。在他還沒改名的小卡修斯．馬塞勒斯．克萊（Cassius Marcellus Clay Jr.）時代，曾大言不慚地挑釁冠軍說：「我八回合就能把你擊倒。」所以有了「吹牛克萊」的稱號。

話說現在會挑釁對手的拳擊手並不罕見，然而在當時卻甚為少見。

有關阿里的狂言妄語，從他曾說過的「假如你夢見擊倒了我，最好趕緊醒來道歉。」或「觀眾萬萬沒有想到，會看到我的對手被擊飛到天際吧。」等名言當中，便可窺見一斑。

雖說阿里的說話方式的確看似十分狂妄，毫無謙卑可言；但連他自己都說：「如果變得跟我一樣偉大，勢必很難謙卑下來。」（這也是阿里流的傲慢表現）那也別無他法了。

如此這般，即便阿里很愛強調：「我很厲害。」不過，他並非在虛張聲勢。他不僅達成了無視七年空白，重新奪回世界拳王寶座的豐功偉業，更成了史上首位三度榮登世界拳王寶座的人，堪稱是難得一見的實力派。阿里的確很愛「誇大」自我，但他也具有堅強的實力。

不喜歡強者擺架子，是日本人的國民性。因此，認為大相撲力士朝青龍與白鵬的傲慢態度有問題的也大有人在。反觀在美國，如阿里或川普等這類狂妄自大、積極自我推銷的人，卻相當受歡迎。這可說是文化不同所造成的價值觀差異。

因為日本人不喜歡實力者擺架子，在定義上，愛擺架子的實力者若缺乏同理心，就會被視為自戀型者；至於沒實力又愛虛張聲勢的自戀型者，很難在日本社會生存這倒是千真萬確的事。

對頭銜抱有特權意識，甚至要求特別待遇的人們

如董事長、總經理、董事、教授、博士……等，對於擁有顯赫頭銜的人，日本人總會情不自禁地心想：「這人真厲害哪。」因為日本是頭銜社會，許多人都對地

位及頭銜相當執著。

有人說：「頭銜顯赫者多半都是具有特權意識，愛逞威風的人。」愛逞威風的總經理或教授等確實甚為常見，但我倒不認為他們是基於擁有這般頭銜才如此囂張。

擁有頭銜且狂妄自大者，其實原本就愛逞威風。因為愛逞威風，所以才會對頭銜如此執著。事實上，愛逞威風者若取得如心所願的頭銜，就會變得更加傲慢。當然，也有不少人取得顯赫頭銜後反倒更顯謙卑低調，或更致力於研究工作。

當我還在東大醫學院念書時，曾見過許多屬於前者的人。為了頭銜而無所不用其極地拍教授馬屁，一旦如願取得頭銜，便瞬間傲慢自大起來。

如此看來，他們並非對頭銜抱有特權意識，而是原本就十分自戀，具有「我很偉大」或「本大爺就是偉人」等特權意識，所以才會一心渴望取得頭銜。

在此提段往事，遽聞某位東大醫學院教授，受邀參加廠商所招待的海外旅行時，怒不可遏地怨道：「為啥不是坐頭等艙！」明明是國家公務員，卻滿有「我是最有資格坐頭等艙的人」的特權意識。

再者，參觀美國科羅拉多大峽谷時，發現沒有準備個人專用的直升機，便對負責接待的藥廠員工破口大罵，甚至還威脅：「你們若沒有好好招待我，當心要賣不出去喔。」這就好似在說：「掌握你們藥廠命運的，可是這個身為東大醫學院教授的本大爺我哪。」

不僅如此，傳言該名教授甚至還曾以半威嚇的態度表示：「我兒子考上了私大醫學院，難道你們不開心嗎？」如此向藥廠索取「祝賀金」，最後從六間藥廠那裡各別拿到一千萬日圓，並用這筆錢來支付兒子的學費。

描寫醫界腐敗一面的《白色巨塔》（白い巨塔山崎豐子著，新潮文庫）蔚為話題，是距今約五十年前的事。而我現在所說的這段往事，則是從那時起又過了近三十年後所發生的事，年代並沒有那麼久遠。這也表示，醫界的腐敗是長期以來都存在的問題。

我們再把話題轉回方才所述的「某教授」身上。因為他可說是對頭銜或地位具有特權意識的最佳例子。

該名教授的兒子進入私立大學就讀後，為了成為自己父親所待的東大醫院的研修醫師[1]，接受了研修執行委員會的面試（當時的東大醫院是由類似研修醫師的自治組織來進行資格審查，而非教授）卻不幸落榜。於是，該名教授便創立了自己所屬科別的研究所，讓兒子以研究生的形式進入醫院成為研修醫師。

雖說該名教授握有連研究所都能創立的極大權力，不過，做了如此令人難以置信的偏袒卻又不覺得羞恥，這也表示他的確是個認為「自己的存在很特別」，自戀意識甚強的人。

而遺傳是很可怕的……雖然或許不盡如此，但該名教授的兒子成為東大研修醫師後，行為表現同樣十分囂張。據先前在面試時刷下他的前研修醫師表示，後來當他們又碰面時，他明知對方是前輩，卻仍直稱對方的名字，大擺架子。

所謂有甚麼樣的父母就有甚麼樣的子女，與其說父子倆都是因為有了頭銜才傲慢自大，不如說他們原本就愛逞威風，而在獲得頭銜的當下，讓這般性格瞬間「開花」了。

1 譯注：類似台灣的實習醫師，不同在於日本的研修醫師是持有醫師執照的。

透過這個例子，我們可知與其看頭銜，不如看實績，才看得出一個人的真實面。榮獲諾貝爾獎的山中伸彌[2]，若自稱：「我是iPS的山中。」這當然可行。但東大教授多半都不會提起自己的實績，只會說：「我是東大教授。」這也算是對頭銜具有特權意識的一種表現。

自戀型者即便沒有內涵也愛逞威風，要是沒得到他人的稱讚，甚至還會大發脾氣。若碰巧達到擁有能力的程度，更是會認為自己很有資格逞威風。

就日本的醫學院來看，我認為約有八成的教授都是為了逞威風才當上教授，只有二成的人是出自喜歡研究這般還算正經的想法。實際上，在領取高額研究費、研究環境又好（相對地，若沒有寫出一定程度的論文就會請你離職）的理化學研究所（Institute of Physical and Chemical Research，簡稱RIKEN或理研）工作的主管級研究員，一旦得知哪裡有教授空缺，多半都會立即飛奔過去（當然，也有從京大教授轉來理研的優秀研究員）。

真要說起來，地位越高越懂得謙卑才顯得出其價值；相較起大擺架子，懂得謙卑才能讓自己的頭銜更具有意義。

好比說，為了如期交貨，必須要求現場員工加班趕貨時，與其派課長出來向員工們低頭請託，不如由部門經理出來向員工低頭請託，更能打動員工的心；而總經理自是比部門經理更容易打動人心。受到地位高者如此誠懇的請託，相信只要是人，無不樂意加把勁打拚。

為了達成某事而取得頭銜者，大概都能夠做到向部屬低頭請託。然而，為了逞威風而取得頭銜者，一旦坐上這個位子，部屬若鬧彆扭或想做甚麼，也只會大擺架子。這是在地方自治團體首長等之間甚常被提起的說法。遽聞在公務員之間的定論則是越謙卑越有好工作。

有句話說：「要用頭腦。」早已取得頭銜或權威的人，懂得謙沖自牧也是很重要的一件事。若能藉此提高自己的評價，勢必也能滿足自愛。

2 譯注：以誘導式多能性幹細胞（induced pluripotent stem cell，簡稱 iPS）研究獲得二〇一二年的諾貝爾生醫獎。

明明自己很容易受到傷害，卻又毫不在乎傷害他人的人們

自戀型者不僅愛逞威風，也相當熱衷於貶低他人。藉由貶低他人來提高自己的地位。

大學的醫局[3]偶爾會有被稱為萬年副教授的研究者存在。因為教授的位子只有一個，如果想當教授，就得到其他大學去，要不然就只能一直甘居於副教授的位子。

在萬年副教授當中，有人讀了萬卷書，知識相當豐富，若說這樣的人比當上教授後就不再專研知識的人更博學優秀也不足為奇。這樣還倒好，如果這樣的人是自戀型者，無法當上教授的不滿在日積月累下，對教授投以輕蔑眼光的也大有人在。

「連這種事也不知道，想不到這種人竟然是教授……」

像這樣盡說些嘲諷的話貶低教授，藉由表示自己比教授知識淵博來滿足自愛。東大醫局內也有這類型的人。因為是國家公務員，就算不得教授歡心，也不會被開除。甚至有人看準這點，不時愚弄教授一番。做了這樣的事，自是別想會有出

人頭地的一天。事實上，就是已經對出人頭地死心，所以才會想從其他方面展現「自己才是在上位者」的氣勢。

這類型的人，即便自己很容易受傷害，但卻能毫不在意地貶低他人。甚至還有人堪稱是貶低他人的高手。

網路世界中也不乏有這類型的人。像我自己有在經營部落格，有時也會收到瞧不起人的無禮信件。我若沒有回信，對方下次就會捎來寫明「我駁倒了和田秀樹」而沾沾自喜的信件。

這是想藉由駁倒看似比自己聰明或有名的人，來彰顯自己的聰明吧（閱讀至此的讀者們，或許有人也感受到了。其實我自己也有自愛沒有被滿足的地方，所以無法否認自己也會有這般傾向）。

當然，若是內容具有辯論價值的信件，難得有好敵手，我或許也會認真應對；不過，實際上大多都是來找碴的，根本無需一一回信。

3 譯注：日本大學附屬醫院內部特有的組織，中心人物為醫學院的教授。

發現我沒回信，對方若不是心想：「和田不願理會。」而是自以為：「我不戰而勝了。」這就表明對方是個自認為「我很偉大」、「我很聰明」的自戀型者。

在網路的世界中，無論針對甚麼事，總會有人提出各式各樣的意見，哪怕是貶低人或瞧不起人的言論，也好不隱諱地說出口。由於是匿名發言，再加上又沒有使用頭像，對於情願貶低他人也不願讓自己收到傷害的自戀型者而言，這或許是個相當舒適宜人的世界吧。

是聲望？金錢？還是地位？——對自戀型者而言的重要之物

如果詢問「愛誇大」者：「當金錢和名譽（聲望）只能二擇一時，你會選擇甚麼？」究竟會得到甚麼樣的答案呢？

即便同為愛誇大者，我想做作型者和自戀型者的回答應該會不一樣。

做作型者想必會選擇名譽，亦即聲望。因為對他們而言，比起金錢、地位和頭銜，擁有聲望更令人感到開心。

另一方面，自戀型者若只能二擇一，勢必會選擇金錢。

當然，自戀型者也渴望受人注目，自然也會想得到聲望。不過，就算獲得周遭人們的仰慕，自己卻不具有半點頭銜或地位，自戀型者便會心生不滿。因為他們很愛展現出「我很偉大」或「我很聰明」的一面。

要是得不到頭銜或地位，他們就會去找尋其他能夠戰勝他人之物。如果是金錢，當然就是利用金錢來擊敗他人大逞威風。

誠如先前所述的萬年副教授那般，在得不到教授之職的情況下，為了能夠一逞威風，有人或許會想辦法讓自己變得比教授還博學多聞，也有人會選擇自行開業賺取比教授更多的金錢。

在金錢力量面前，大多數人都會默不作聲。尤其在資本主義社會或格差社會[4]中，這般傾向更為顯著。以往，學歷高的人即便薪資低，多半也會選擇地位較高

4 譯注：social polarization，意指社會各個階層之間，在經濟、教育或社會地位等方面，存有著極大的差距。

的工作；如今則是條件優渥的外商金融業等工作較受歡迎。

如此看來，對自戀型者而言，金錢也不外乎是為了逞威風的有利道具。而有這般感受的人，應該不會只有我一人吧。

第四章

連成人、媒體也輕易受騙的心理

怕頭銜、地位及「權威」的日本人

深信「天下的『朝日』絕不可能出錯！」的人們

日本人基本上是不怎麼會懷疑人的民族。甚少人會說謊。因此，日本人也不善於識破他人的謊言，很容易聽信對方所說的話。或許又可說日本人容易被話語的表面所束縛，而沒有看透其內在的真實。

誠如前述，怕頭銜和地位也是日本人的特徵之一。這同樣是因為日本人愛用表面來評斷對方的緣故。

想當然耳，日本人也怕「權威」。

一看到東大畢業的履歷，會不禁心想：「真厲害。」這就表示自己將東大視為權威。當《朝日新聞》承認誤報從軍慰安婦問題時，在引發社會輿論譁然的背後，其實正潛藏著「天下的朝日怎可能會誤報！」的詫異。因為在日本人眼中，朝日就是權威。

事實上，《朝日新聞》的嚴重誤報不止從軍慰安婦這一起，例如，名為「向黎明祈禱」的事件也相當著名。

一九四九年三月，《朝日新聞》刊載了一則有關在蒙古烏蘭巴托的日本人俘虜收容所裡，被蘇聯軍隊任命為俘虜隊長的日本人曹長[1]對同胞施行極其殘虐私刑的報導。

出來作證的，是在部隊中慘遭暴行而失去一條手臂的前隊員。據他表示，俘虜隊長想出了某項「儀式」。

那就是將無法成為勞動力的隊員全裸綁在樹上，棄置於酷寒中。受到這項私刑的人，到了隔天清晨，早已精疲力竭，在氣若游絲的呻吟中嚥下最後一口氣。由於

1　譯注：日本軍階稱謂，官等同軍士長（sergeant major）。

受刑者垂低著頭斷氣的姿態看起來就像是在向黎明祈禱般，故而稱之為「向黎明祈禱」。而該名前隊員在報導中表示，死於這項酷刑的人多達三十人。

《朝日新聞》的報導在日本國內引起轟動。於是，該名前俘虜隊長遭到告發，不僅在國會接受證人傳訊，甚至還被判了刑。

即便當事人聲稱這是毫無根據的指控，不願承認有虐殺之實，仍舊依監禁等罪名遭判三年有期徒刑。當時，前隊長的母親因承受不住《朝日新聞》報導的折磨而自殺身亡。

出獄後，前隊長仍持續主張這是毫無根據的指控。接受他這番說詞的律師及新聞記者等人，著手重新調查該事件，並於一九八八年彙整成一份認為這極可能是毫無根據之指控的報告。然而，就在他們準備以這份報告為依據，聲請再審之際，前隊長便早先一步往生了。

針對這事件，開始有人質疑這是否為朝日的誤報？且對最初報導中證言的可信度產生懷疑。

至於以證人身分在報導中被提及的前俘虜，更被爆出他在該部隊其實僅待了數日而已，就連他的斷臂也不是部隊暴行所致，而是他在羊皮工廠進行不熟悉作業時，被機器捲入受傷所致的。換言之，他「誇大」了自己的證詞。

不僅如此，他身為點燃該起事件導火線的始作俑者，卻不曾在國會證人傳訊及審判中露面過。前隊長則在個人著作中表示，朝日肯定怕瞞天大謊被揭穿，所以暗中動了手腳。

再者，亦有人指出，如「向黎明祈禱」這般煞有介事的私刑，若是在零下四十度的極寒之地，一個人全裸地待在戶外，能夠撐到隔天清晨這才是甚為奇怪的事。到頭來，在審判中被判定的罪名也沒有一項是凌虐致死。

有關這事件，《朝日新聞》並沒有刊登誤報道歉啟事，只有在後來刊登的查證報導中承認並沒有凌虐事實。遽聞以向黎明祈禱之姿死亡的隊員連一個人也沒有。

從這起「向黎明祈禱」事件和從軍慰安婦的誤報風波來看，我們可以知道兩件事。一是有很多人都深信：「《朝日新聞》的報導都是真的。」二是欠缺「記者同樣是人，所以也會犯錯」這般認知的人也不在少數。而這兩件事也可說是相為表裡的關係。

當然，這也可能不是「記者犯了錯」，而是「故意撰寫錯誤的報導」。因為在現實生活中，無論是甚麼樣的事件，幾乎沒有人會懷疑第一起報導；大多數的人都對《朝日新聞》這份「權威」深信不疑，所以才容易被騙。簡言之，這些事件無不反映出了日本人怕權威的心理表現。

反過來說，這也是個可以讓人得知日本人怕權威一事的好機會。民眾在譴責《朝日新聞》的誤報之餘，更重要的是，要懂得記取教訓，鍛鍊出不容易受騙的體質。

善用「權威」的「一流」學者們

因為不會去懷疑權威，所以當得知其實是謊言時，就會有受騙的感覺——這是《朝日新聞》的誤報事件所帶給我們的啟示。尤其在「愛誇大」者猖獗的現今時代，會利用權威來獲取自身利益的人也越來越多，更需要特別留意。

換言之，除了《朝日新聞》外，也有會利用ＮＨＫ或岩波書局等「權威」的「愛誇大」者。

多數日本人對於朝日新聞、NHK或岩波書店等名稱都抱有莫大的信任。這也就是說，對許多人而言，朝日是報紙的權威，NHK是電視台的權威，而岩波則是書店的權威。

雖說這並不是經過縝密調查後所得到的結論，但在現實生活中，確實可看到許多會讓人這麼認為的例子。

例如，隱藏真實姓名，且看起來也不像是有臨床經驗的女精神科醫師，就是藉由在《朝日新聞》擔任評論員、上NHK的節目，以及與岩波書店合作出書的方式來累積民眾對自己的信任度。如此看來，似乎只要具有這三項經歷，就算沒發表過一篇學術論文，同樣也能成為超一流的學者。

又如某位幾乎沒發表過英文論文，後來遭週刊雜誌爆出其數學著作中的題目大多是請其他數學家代筆的數學家，也是運用要上報就選朝日，要上電視就選NHK，要出書就選岩波的策略，成功營造出一流學者的形象。

而他蓄鬍留長髮綁印花頭巾的造型別具特色，如此給人「有點怪怪的數學家」

的印象，或許在電視上頗受好評吧。

像這樣，利用朝日、NHK和岩波這「三種神器」來「誇大」自我的這群人，一面裝出自己是此道權威的模樣，不僅頻繁出現在其他媒體上，就連世人也視他們為一流的人才。

因為比起個人的業績，有在朝日、NHK露臉，或在岩波出書的經驗，更容易獲得社會的肯定。

另外，即便這些人的言論看在專家眼中水準是相當低的（至少就是因為不被一流雜誌編輯所認同，所以才無法刊載論文吧），由於使用他們的編輯或製作人不具備相關專業知識，因此會認為他們很厲害也是不無道理。

這也就是說，連媒體也被這群實力只有二流或三流的程度，只因他們懂得利用「三種神器」來「誇大」自我，就被當成一流人才的人們給騙了。然後，又因媒體的習性，將他們視為權威介紹給民眾，到頭來被騙得最徹底的，便是我們這群老百姓。

「愛誇大」者們各個都很懂得誇大的訣竅；而民眾卻對這一無所知，完完全全地被媒體所打造出的「一流人才」的形象騙得一楞一楞的。

遽聞從軍慰安婦問題的誤報讓朝日深受打擊，甚至導致報紙發行量驟減，不過，我想朝日的權威地位，今後還是一如往昔、毫無動搖吧。

至於利用「朝日、NHK及岩波」這套三式一組的權威利器，佯裝出一流醫師或一流學者形象的人們，今後肯定仍會不斷冒出。這也是這般「誇大法」的一種正當管道（若相較起民營電視台，要在NHK節目中演出的門檻確實比較高；同理，要在岩波出書，門檻也相對較高。因此，對沒資格在學術雜誌上投稿的博學者而言，這些管道是再合適不過的發展舞台）。

製造出受騙者的媒體大罪

資訊素養的欠缺導致「愛誇大」者的增多

要譴責「愛誇大」者，或是譴責視他們為權威的媒體十分容易，然而，針對民眾欠缺資訊素養，容易將「愛誇大」者們或媒體所說的話照單全收的現象，亦即資訊運用能力的欠缺，我認為這才是個大問題。

這或許跟「電話詐騙」的情況很類似。換言之，認為「做電話詐騙這種勾當的人可惡至極」而憤慨不已的人雖然很多，但真正的問題乃是在於明明有關電話詐騙的資訊早已廣為人知，卻還是有人會受騙上當。

如果大家都不會再著了電話詐騙的道，那麼，用這般手法來騙人的傢伙自然也會消失殆盡。這也就是說，無論詐騙手法有多高明，只要沒有人會上當，騙人的一方也會因騙不到錢而放棄電話詐騙，另尋其他賺錢的方法。

所以，致力於電話詐騙犯的掃蕩固然重要，不過，若能想辦法讓民眾不會再受騙上當，這將更有助於電話詐欺的消滅。

當然，現在的警察和自治團體都會公布相關資訊，提醒民眾要多加留意，不要上了電話詐欺的當；而若有受騙金額較大的事件發生，媒體等也會報導。

明明身邊就有這麼多相關資訊，但現實中還有人會被騙。這是因為民眾不懂得運用這些有效資訊，平時沒有保持「這很可能是詐騙」的警覺心，所以才會導致仍有許多人受騙上當。

同理，「愛誇大」者們之所以會如此猖獗，這也是因為日本人過於欠缺「懷疑」能力的緣故。

話雖如此，無論是「電話詐騙」集團、電視媒體，還是能力有達一定程度的人，都知道該怎麼做才不會讓人起疑。那就是不讓對方有思考或懷疑的時間。例如，電話詐欺為了不讓對方有時間思考，都會要對方盡快將錢匯過來。而電視上針對政治問題或時事議題進行討論的節目，評論員們也都會提出一致的意見，不讓觀眾有時間思考。

如此一來，自然就不會有人去懷疑其中的真偽。誠如先前所述的選舉期間過短的情形也是如此。

沒有去懷疑，就不會注意到這群人的「誇大」。因此，在不知不覺中便對電視上「愛誇大」者所說的話深信不疑。

我想對電視這項媒體深信不疑的人一定很多。好比說，認為有上電視的政治家比沒上電視的政治家還來得偉大的人肯定不少吧。所以，總是對電視上政治家所說的話甚信不疑。

以前，能夠順利當選的，大多是對故鄉發展有益處的政治家；而能夠成為政治派系領導人，且極具影響力的，也都是如同田中角榮這類會將東京的錢搶來給地方使用的政治家。

然而，到了今日，不再是錢撒地方的政治家容易當選，而是有上電視，口頭上直說「我們要減少浪費」這種好聽話的政治家才容易當選。

例如，若從國鐵的民營化或郵政的民營化來看，便有人會站在各自的立場提出：「把稅金花在地方的鐵路和郵政上實在太浪費了。」或「在東京所賺取到的金錢，為何非得用來填補地方的赤字不可呢？」等只顧慮到營運成效的天真想法。不過，這些其實都是東京的邏輯，而非地方的邏輯。

因此，不再有人會提出：「民營化不僅有可能會讓地方民眾對路線的廢止、車資的調漲，以及郵局服務的低落所造成的不便抱怨連連，當過了二十年、三十年後，地方說不訂連交通網也沒了，就此沒落蕭條，唯有東京繁榮興盛。」這般意見，只顧著表示：「民營化很成功。」並對東京車站內部店家林立的景象感到欣喜。

而導致這般局面的，除了那些有意利用上電視來爭取選票，而盡說些對集中在東京的媒體有利的話的政治家外，對於只在東京設立核心局的電視台深信不疑，認為這些政治家的言論都是正確的民眾也脫不了關係。

電視只報對己有利的資訊

若說容易當選的，都是有上電視且發言比較偏袒東京的政治家，那麼，政治家們自然就會認為與其討地方的歡心，不如去上東京電視台的節目，說些會讓導演或製作人開心的話更為實在。

另一方面，由於地方的民眾也認為這些人既然上得了電視，想必是很偉大的政治家，所以，哪怕是看似會輕易背叛地方，緊黏著東京不放的候選人，還是會投他一票。

到頭來，先不說「誇大與否」，迎合電視台發言的政治家會越來越多，那也是可想而知的。

當然，不止是政治家如此，就連藝人、文化人（因為這時代的書不好賣，若不是像我這樣擁有大量出書的體力，或是像醫師那樣有其他賺錢的管道，若不靠電視台，生計就會有困難）也是得迎合電視台發言，才有辦法存活下來。

話說在電視界，也有不少「說了就會被逐出電視界」的「地雷」言論。一旦說了這些話，便無法再上電視。

例如，「韓國嚴禁柏青哥。」或是「由於WHO（世界衛生組織）表示要禁止酒精相關廣告，因此即便廣告收入可能會稍有減少，但最好還是要適度限制一下酒類電視廣告的播放。」等發言，只要一說出口，很快就會丟了飯碗，無法再上電視。

這是因為現在電視台的主要贊助商就是柏青哥及酒類廠商（雖說無法確認事實，但幾乎不曾有人在電視上聽過表明要禁止柏青哥及酒類廣告的發言）。

就算不是藝人，還是有很多人只能靠上電視來維持自身地位。這些人為了不採到地雷，總是迎合電視台發言。

另外，在電視上提供建言的文化人，事實上也得照電視局的意思來發言。因為要是發言不合電視局的意，就不會再受邀上電視，所以說，常在電視上露臉的文化人，都是節目製作單位認為配合度夠高的人選。

這也就是說，電視只會報對電視局有利的資訊，絕不會報對電視局不利的資訊。就某意義而言，所謂的電視，就是在誘導觀眾往某特定的方向去看，或是不要往某特定方向去看。

觀眾之所以很難去想到這一點，就是因為打從心底對電視局深信不疑，而不懂得去質疑。換言之，日本人早已完完全全成了輕信電視型的國民。

強加於地方的東京「常識」

由於電視媒體都集中在東京，因此電視多半只會報對東京有利的資訊。於是，東京的邏輯觀就此傳遍各地，導致對電視深信不疑的地方民眾根本沒察覺到自己已深受東京邏輯觀的影響。

這種偏向東京的邏輯觀，若反映在法律條文上，有時也會成為地方發展的障礙。好比說，酒駕相關罰則就是其中一例。

提到酒駕，多數人應當都會想到：「開車不喝酒。」或「酒駕是絕對不可取的行為。」

我並不是要否定這些觀念，但若實際來看造成死亡車禍的原因，由分心駕駛、沒有停看聽或精神渙散等違反安全駕駛義務的行為，所造成的死亡車禍就占了五成以上，而由酒駕所造成的死亡車禍則連一成都不到（內閣府平成二十七年年間的道路交通事故狀況）。

當然，這不是說大家可以酒駕。只是從這比例來看，我們可得知由邊滑手機邊開車的分心駕駛，以及未注意車前狀況所造成的車禍件數，是遠超過酒後開車所造成的車禍件數。

既然如此，若要減少車禍的發生，我認為應當針對沒喝酒的分心駕駛及未注意車前狀況的部分加重罰則才是。但在現實生活中，卻是車禍件數甚少的酒駕被處重罰。

相較起邊滑手機邊開車，酒後開車看起來或許較為惡質，不過，若是跟超速相比又如何呢？

例如，在限速四十公里的狹窄道路上，以時速超過一百公里的車速行駛被抓，除了罰鍰外，還要記違規點數十二點；相對於此，約為喝了一杯啤酒程度的酒駕被抓，違規記點則為十三點。由此可知後者的罰則較重。

就我個人的感覺，無論怎麼看，都是明明沒有喝酒，卻在限速四十公里的狹窄道路上，以時速超過一百公里車速暴衝的違規最危險又惡質，不過，現實的認知正好相反。

事實上，有關酒駕的部分，日本的判定基準是遠比其他先進國家嚴格許多。

在日本，血液中酒精濃度只要超過〇・三mg／mℓ（或呼氣酒精濃度超過〇・一五mg／mℓ），就會被視為酒駕，必須受罰。然而，在英國和加拿大，判定基準是血液中酒精濃度超過〇・八mg／mℓ，法國和德國是超過〇・五mg／mℓ。

至於美國，則跟英國和加拿大相同，酒駕的判定基準都是血液中酒精濃度超過〇・八mg／mℓ。不過，遽聞判定基準會因州而異，而罰鍰也是如此。好比說，若在紐約酒駕，車子是會被沒收的。

如此看來，紐約的罰則似乎比日本還來得嚴厲，但誠如方才所說的，有關血液中酒精濃度的判定基準，日本是超過〇・三mg／mℓ，美國則是超過〇・八mg／mℓ。換言之，在日本只要喝了一罐三五〇mℓ的罐裝啤酒就會超標，而在美國即便喝了兩到三罐也不成問題。所以說，美國的法律束縛是較為鬆緩的（由於這項比較會有個人差異，不能說是很嚴密的比較方式；主要是單純以美國的〇．八mg／mℓ基準約為日本的〇．三mg／mℓ基準的二．六倍來計算的）。

老實說，在美國，若是如公司酒會這類聯誼酒會的飲酒，或是用餐配酒程度的飲酒，幾乎都不會被抓。

又如在加州的葡萄酒產地——納帕山谷，尤其一到產季，許多人都會前往各個酒莊品酒，而自行開車來的人也大多是酒後駕車。因為這裡是知名的葡萄酒產地，當地研判酒駕取締若過於嚴苛，勢必容易影響到主要產業的發展，所以從未聽說有人酒駕被抓。

另外，德國人喜歡喝啤酒是出了名的。在德國境內，無論你到哪裡去都有販售當地啤酒，據聞大多數的德國人都認為若只是喝了幾杯啤酒，開車並不成問題。

德國對酒駕的判定基準也是比日本來得鬆緩，至於其他先進國家，更不曾聽說有像日本這樣，只喝了一罐啤酒開車就被抓的例子。

相較起來，日本的判定基準的確可說是相當嚴苛。不過，我在此想說的，並非日本該向美國或德國看齊，降低判定基準，而是日本的酒駕罰則原本就是按東京主體的觀念擬訂而成的，根本沒有考慮到地方的狀況。這也就是說，我認為將偏重東京的規則強行套用到全國各地，是件非常奇怪的事。

在東京，不僅搭電車通勤的人多於開車通勤的人，電車的營業時間也是到深夜，甚至還有深夜巴士可搭。因此，下班後，即便在新橋、六本木或新宿喝酒喝到很晚，也不怕回家會沒車可搭。

反觀地方，不僅開車通勤的人多於搭電車通勤的人，先別說上班，就連去家庭式餐廳用餐，或是去超市購物，都需要開車代步。

因為是開車通勤，所以下班後既無法跟同事去喝一杯，順道在外用餐時連一杯啤酒也不能喝（雖說只要使用代駕服務就能安心喝酒，但地方的平均所得遠比東京來得少，根本不可能頻繁使用）。而假日跟家人一同到鄉土料理店用餐時，開車的人也無法喝酒。如此一來，日本引以為豪的料理就只有衰退一途了。

順道一提，地方晚間路上幾乎看不到行人，所以遽聞有八成的酒駕死亡車禍都是自撞（現在這個時代，若酒駕輾死人，一定會馬上上新聞，但這類的報導卻甚少看到）。

由於地方有地方的狀況，不如就讓地方自治團體自行來決定判定的基準，根本沒有必要將東京的邏輯觀強行套用到地方。

當然，有的自治團體會認為即便摧毀了當地產業的鄉土料理也要達到零酒駕死亡車禍的目標；反之，也有自治團體會為了促進當地產業的發展而決定放寬罰則。

無論如何，將偏重東京的觀念強行套用到全國各地就是問題，而地方的民眾認為這是理所當然的事也是個問題。

像這樣，沒考慮到東京與地方的差異性，就直接將東京的觀念套用到地方，而地方也理所當然地全盤接受，簡直就跟詐騙沒兩樣。

儘管如此，或許還會有人說：「全國一律實施相同的法律本來就是理所當然。」還說法律就是要平等。

然而，將原本就是以東京的常識所擬定而成的規則強行套用到地方，就是一種無視東京與地方差異性的不平等作法。因為東京的常識對地方而言，也有可能不是常識。

若沒察覺到這件事，今後仍會以為東京的邏輯觀都是正確的，而一直被騙下去。不僅地方的民眾如此，連東京的民眾也是如此。

我們萬萬不可忘了，讓視偏重東京為理所當然的「常識」滲透全日本的，主要就是集中在東京的電視媒體。我這年代的父母親所說的：「看電視會變笨蛋喔。」或許還真的被他們說中了。

話雖如此，這並不是說要大家別看電視，重要的是，要懂得辨別是非，不要傻傻被騙得團團轉。

信者受騙——做作型文化人的花言巧語

以印象深刻的發言，引發有內涵的錯覺

有一群在電視新聞節目中提供建言，被稱為文化人的人們。有時也會在談話性節目中，看見這群人口沫橫飛地進行激烈的討論。比起情緒激昂地大聲嚷嚷的人，懂得降低語調、以溫柔且令人印象深刻的說話方式來發言的人，聽起來不是會比較讓人覺得有內涵嗎？

更何況這個人的頭銜若是「東大教授」如此威風的身分，又是個懂得善用「三項神器」——在《朝日新聞》上刊登評論，上ＮＨＫ的節目，並且與岩波書店合作出書的高手，就算談話內容老套無趣，聽眾聽在耳裡，也會覺得那是一段很有深度

及內涵的談話。

說到這裡，或許有人會聯想到姜尚中這號人物。

姜尚中以前常在《討論到天亮！》這個討論節目中露臉。當時他還是東大的教授，現在則是東大的名譽教授。

近年來，姜尚中已經甚少在《討論到天亮！》上露臉，不過，還是可見到他以「文化人」的身分大為活躍，例如，擔任新聞節目的評論員、舉辦演講活動，或是出書等。

我並不清楚現在的情況，遽聞曾有一段時間，姜尚中的演講會幾乎擠滿了年輕女性。他之所以會那麼受歡迎，跟他上電視絕對脫不了關係。

他在經常參與《討論到天亮！》節目演出的時期，總是以高領衫外搭夾克的時髦裝扮現身。由於同個節目中的其他學者都是穿西裝打領帶的古板裝扮，因此姜尚中的灑脫裝扮便顯得十分引人注目。

再加上他那低沉的語調，以及柔和沉穩的說話方式，若說有年輕女性因而為之心動那也不足為奇。

不僅如此，那時正好《冬季戀歌》（冬のソナタ／겨울연가）的「勇樣」[2]蔚為話題，韓流風潮才剛興起，我想身為在日韓國人子女的姜尚中是趁勢趕搭上這股風潮，獲得與明星相當的知名度的吧。

或許有人會說：「像姜尚中老師這麼認真的學者，絕不會像三流藝人那樣企圖趕搭韓流風潮。」

不過，姜尚中那時的官方網站名稱就是「姜流」。不用說這一定是模仿「韓流」而來的名稱。想當然耳，網站首頁所放的，便是顏值不輸給演員的時髦「姜樣」的照片。

再者，二〇〇九年朝日新聞出版也出了一本名為《姜流》的雜誌書。書中還特別附贈了一張名為《ＯＦＦ的一天》（ＯＦＦな一日）的ＤＶＤ。

亞馬遜網站上針對該ＤＶＤ的文宣是這麼寫的：「片中收錄了許多姜老師不同於電視節目上的愜意神情，敬請觀賞姜老師平日的原有模樣。」

2 譯注：日本粉絲對裴勇浚的暱稱。

學者的愜意神情究竟有何價值呢？與其說他是政治學者，不如說他是「做作型文化人」更為貼切。

若是政治學者，只要能夠針對國際間錯綜複雜的問題，以敏銳的評論進行剖析就夠了。但在新聞節目中，卻聽到他針對日韓關係說出了「日韓雙方應當相互悉知」等這類如同在說毫無障礙的愛與和平般的評論。

即便談話沒有內涵，觀眾仍被他那東大名譽教授的頭銜，以及低沉穩重的說話方式所迷惑，以致產生了彷彿在聽一段深度談話的錯覺。

我並不清楚姜尚中是否真是如此，但就做作型文化人而言，姑且不論內容如何，他們在說話方式的形象策略這方面，手段都十分高明。

於是乎，容易受騙的觀眾就這麼被做作型文化人的形象策略牽著鼻子走，耳裡聽著沒有內涵的談話，心裡卻想著：「真不愧是〇〇老師！」

任誰都不喜歡聽情緒激昂地大聲嚷嚷者（我大概就是其中一人吧）的談話，所以說，語調口吻的確也很重要；然而，更重要的是，要懂得從對方的談話內容去做判斷。如果不具有這般認知，就會很容易被做作型文化人的形象策略騙得團團轉。

上電視的文化人都善於演戲

遽聞姜尚中的父親是佃農的長男，在韓國出生。一九三一年來到日本找工作，在東京工作一段時間後結婚，幾經輾轉各地，最後定居於當上日本憲兵的親胞弟所居住的熊本，而姜尚中就是在熊本出生的。

姜尚中的父母靠著回收廢棄品，把他養育成人。這段住在簡陋鐵皮屋的貧困生活，讓姜尚中切身體會到被歧視的苦，但他仍不畏貧寒地勤奮苦讀，考上早稻田大學，後來又進入早稻田大學的研究所繼續深造。二十三歲那年，姜尚中初次訪韓，開始意識到自我認同的問題，苦惱了好一陣子後，決定要放棄長久以來所用的日本名字。

之後，他仍持續往學問這條路發展，曾到德國留學，並於二〇〇四年以在日韓國人的身分當上東大教授，現今則是東大的名譽教授。

有關他動人肺腑的半生，在他的自傳中都有詳盡描述。如此想來，即便從孩提時代就因在日韓國人的身分飽受歧視，但他在貧困中仍不忘力求上進，最後甚至還當上了東大教授，這簡直可說是如同一幅畫般的勵志奮鬥故事。

再者，當他在電視上皺眉談起日韓和平時，也不忘穿插自己的困苦經歷，先不說談話有無內涵，光是看到他的神情就很具說服力。他確實很懂得吸引他人的目光。

事實上，常在電視上露臉的文化人，大多具有優異的自我表現能力（還不到演技的程度）。與其說他們像演員那般哭笑自如，不如說他們能夠憑著理智壓下在胸口翻騰的情感，保持冷靜地侃侃而談，藉此營造出讓人不禁讚嘆：「真不愧是文化人！」的形象。

換言之，大多數常在電視上露臉的文化人，無論自身有無身為文化人的意識，都是在演戲。他們都具有利用電視讓自己看起來像個文化人的要素（像我就做不到，或許也包含了妒忌的要素在內吧）。

可能有人會質疑說：「文化人會利用電視嗎？」以姜尚中為例，我曾聽某位東大生說起這件事。

遽聞在東大校園內攔住姜尚中教授的學生，問了他一個問題：「老師，我也想成為一流的政治學者，請問該怎麼做才好呢？」

對此，姜尚中露出迷人的笑容答道：「這個嘛，你只要上電視就行了。」

由於他後續並沒有再補一句：「當然這是開玩笑的……」就只說了這麼一句話，以某程度而言，或許可說是他的真心話吧。因為他上電視後所受到的「一流」待遇，更勝於他出了不少好書的那段時期。

即便是再有實力的學者，若沒有在電視上露臉，就無法成為一流。我想擁有這般哲學觀的人肯定不少。這些人對於一流學者的形象，已經無法跟電視切割開來。

的確，若是一流的學者，一旦出了名或許也有機會上電視參與討論。然而，這倒不是說只要能上電視，就一定可以成為一流的學者。

話說學者原本就是為了專研學問而投身於研究這條路，並不是為了成為一流而埋首於研究。因此，認真的學者應該不會有「為了成為一流而上電視」的想法。會想到要不要上電視這類問題的，絕不是一流的學者，而是善於利用電視的做作型文化人。

而姜尚中自身可用「貧困、歧視、苦學」等詞語來形容的「波瀾壯闊」的人生故事，不禁讓人覺得這簡直就像是稱得上電視老手的做作型者才辦得到的「高明自我美化」。

「愛誇大」自我者的演技，其實都比一般人所想像的高明。更何況是被稱為文化人的知性人物，他們不僅具有用於此道的豐富知識和詞彙，也懂得利用電視來「誇大」自我，因此，就算被騙了也很難有所察覺。

渴望獲得可信之物的日本人特性

越愛擔心的人越容易受騙！

或許很多人都認為騙人的人比被騙的人還來得聰明。

如果是在玩互騙遊戲，騙到人的一方或許可說是比較聰明，但在詐騙事件中，實際上只有「看似會騙人的人」，以及「對於被騙這件事毫無防備的人」，不能斷言說騙人的人比較聰明，被騙的人就比較笨。因為，有時連聰明的人也會被騙。

那麼，究竟哪種人比較容易被騙呢？

我個人認為容易被騙的，並非是頭腦不好的人，而是愛擔心的人。

「媽，是我……」

當接到這種電話，即便覺得跟兒子平常的聲音不大一樣，只要聽到對方說了「因為我感冒了，喉嚨不舒服。」等這類的話，便會擔心起對方的身體狀況，而不會再去注意到對方的聲音根本不像是兒子聲音的這件事。

接著，詐騙集團就開始切入正題，說：「其實我發生了意外。」或「我弄丟了公司的錢。」對早已進入擔心模式的母親而言，聽對方這麼一說，勢必會認為「兒子碰到了比感冒還嚴重的事」而陷入極度不安，以致無法做出正確的判斷。

無論再怎麼聰明的人，一旦陷入極度不安，判斷力就會下滑，同時也忘了要抱持懷疑的態度。

例如，之所以常有人會聽信「這項營養素若不足，就會罹患這類疾病喔。」這種資訊（威脅），買下高價健康食品，也是因為多數的日本人都很愛擔心的緣故。

愛擔心的人為了求安心，所以容易被騙。就是因為擔心，所以才想藉由除去擔心來讓自己安心。而這也可說是一種「欲望」。

說得極端些，人就是有欲望才會被騙。不過，我們又不能說：「放棄想解救兒子的欲望吧。」因為身為父母無論如何都會想解救自己的孩子。

當然，或許也有人原本就不具有這樣的欲望。

「媽，是我。我挪用公款被發現，請救救我吧。」

有的父母接到這般詐騙電話，就算相信對方真是自己的兒子，也無意出手幫忙。

「我可不記得我養出了一個會挪用公款的兒子，也不記得有教他失敗了就來找父母求援哪！自己闖出的禍，自己想辦法解決！」

敢這麼說的人，即便真的有想幫忙的想法（欲望），我想也不容易被騙。

正因為是無法信任的時代，所以渴望獲得可信之物

早些年代的日本，每個人都很信任自己的國家。

適逢高度經濟成長的那個時代，許多公司都快速成長，而上班族身處在終身僱用及論資排輩的體系下，也能安心工作。

由於薪資每年都會調漲，每個人結了婚後，都能實現買房的夢想。待未來退休

後，領了退休金便能過著悠閒的年金生活——當時就是這樣一個如美夢般的時代。

然而，現在卻成了對未來幾乎不抱有任何夢想的時代。

就連大企業以重組之名不斷裁員也成了理所當然的事。不僅工作型態全都變成了非正職雇用，連薪資也無望調漲，不禁讓人擔心自己的公司究竟可以存活到何時？而退休後，也得繼續找工作，根本不可能只靠年金過活。像這樣，處處都充滿了不安。

若說在這如此不安的時代，人們最渴望的是甚麼？用一句來說，那就是「可信之物」。大家都希望能有個可以相信的東西。

話雖如此，卻沒有人知道該相信甚麼才好，就算有想到某樣東西，也不知道是否可以真的相信。因為自己無法做出判斷，所以就希望有人能夠替自己做判斷——像這樣的人是越來越多了。

於是，認為應當回應這些人的需求，腦筋動得快的人們便開始了煽動不安的買賣。藉由煽動不安，促使人來買安心。好比說，心懷不軌的新興宗教（有的甚至沒登記成為宗教法人）常有的「要得到幸福就得買壺」式威脅就是其中一例。

「你若沒買壺就不會幸福。只要買了壺，就會得到幸福。所以說，不妨買個試試吧。」這就是輕信威脅的人被騙，賣壺的人得到幸福的伎倆。

事實上，類似的手法也被運用在書籍的世界。

例如，《要無疾而終就不要跟醫療扯上關係》[3]、《要長壽就不要吃肉》（長生きしたけりゃ肉は食べるな）或《要長壽就要按摩小腿肚》[4]等，這數年來的暢銷書，書名全都變成了以前不曾見過的威脅式標題。

當然，我不是說這類書籍所寫的內容都是騙人的。書名的設定也含有期望能吸引人購買的意圖在內。再者，即便作者本身認為：「這樣似乎說得太過火了。」但只要編輯說了一句：「為了讓書能夠賣出去，還請容我使用這個書名。」有時也很難加以拒絕（說這話的我，其實自己也常碰到被迫使用威脅式書名的情形）。

---

3 譯注：該書台灣出版時，中文書名為《大往生：最先進的醫療技術無法帶給你最幸福的生命終點》。為了呈現出日文書名原有的威脅感，在此所列的書名是從日文書名《大往生したけりゃ医療とかかわるな》直譯過來。

4 譯注：該書台灣出版時，中文書名為《揉揉小腿肚的驚人自癒奇蹟》為了呈現出日文書名原有的威脅感，在此所列的書名同樣也是從日文書名《長生きしたけりゃふくらはぎをもみなさい》直譯過來。

我只能說，具有這種威脅式書名的書之所會熱銷，就是因為這是個充滿不安的時代。因此，嗅覺敏銳的生意人很快就察覺到只要煽動人們的不安就能賣出東西的可能性。

這的確是個難尋可信之物，充滿不安的時代。人們渴望找到可信之物或許是件好事，然而，當自己以為尋到手時，卻發現「我被騙了！」的情況勢必也不少。與其去找可信之物，不如想辦法讓自己成為一個不會輕易受騙、能夠讓人信任的人，我認為這才是更為重要的事。

哪怕是遇到電話詐騙，只要懂得與周遭人們商量或打電話給本人做確認，自然就不會被騙。更何況現在已是網路的時代，至少也要具有知道該如何查詢如健康資訊等需要一定程度佐證資料的資訊素養。

第五章
既多元化又不斷增多的「愛誇大」者

相較起自戀型者，做作型者更容易相處

「我是弱者」、「我也是受害者」的意識

自戀型者之所以「愛誇大」，是為了展現出「我比任何人都優秀」、「我很偉大」的一面。

雖說他們會為了得到他人的讚賞而想盡辦法讓自己成為矚目的焦點，但絕不會使用「我是社會的弱勢，是個可憐人」或「我可是受害者」這種宣傳自己是弱者的方式。因為這麼做就像是在說我不是個優秀的人（不過，倒也不是說就沒有會藉由讓自己成為悲劇英雄來滿足自愛的人）。

而有關這一點，做作型者為了讓自己引人注目，即便得展現自己可憐的一面也

在所不惜。「我是受害者！是社會的弱勢。」假如透過這樣的宣傳能夠獲得他人的同情，那就得以滿足他們「期望引人注目」的渴望。

但會如此宣傳的人，不一定全都是做作型者。當然也有人不是在演戲，而是真正的社會弱勢，或是真正的受害者。

再者，為了獲得某物而佯裝成社會弱勢或受害者的，也大有人在。

好比說，生活並不窮困，卻佯裝自己過得很貧苦，藉此詐領生活津貼者就是一例。

有關詐領生活津貼者，為了獲得補助資格，因而假冒成生活陷入困境的社會弱勢的這一點，或許可說是在「演戲」，不過，他們並不是像做作型者那樣，是為了引人注目才這麼做。

又如當有大地震發生時，政府都會對受災戶提供生活補助措施。在這當中，遽聞有人為了領取到較多的補助金，會誇大自己的受害程度；也有人為了避免喪失補助資格，故意不去找工作，一直住在組合屋過活。

實際上，於東日本大地震發生滿週年的二〇一二年三月十二日，那天的《日經新聞》便刊載了一篇有關領取賠償金的家庭若為五人家庭，每個月甚至可領到八十萬日圓的報導，同時也刊載了民眾所提供的證言：「他們表示既然甚麼都不用做就會有錢進來，若去工作反倒吃虧，所以每天都去柏青哥店或飲酒店泡一整天。」

受災戶因為壓力過大而跑去柏青哥店或飲酒店，這並不新奇。至於賠償金的使用方式被第三者拿來說長道短，這也無可奈何的事。其實，像這種可利用弱勢或受害者身分來獲取利益的情形，就一般人的心理而言，會有人為了不願放棄這般權益而持續當弱勢或受害者，也是可想而知的。

日經所刊載的那個家庭如果真有其人，他們是為了獲得金錢利益才這麼做，不能說是做作型者。因為誠如方才所述，做作型者佯裝成受害者是為了讓自己成為矚目的焦點。

不過，若遇到自己的立場有危險時，有些做作型者也會更進一步主張自己是受害者。例如，小保方晴子就是一例。

小保方於二〇一四年四月十四日，針對ＳＴＡＰ細胞論文的疑點，透過辯護團律師團做了說明。

其中，她對於《朝日新聞》所刊載的疑點：「論文中所記載的有關雌鼠STAP幹細胞的數據，實際上只有培養出取自雄鼠的幹細胞？」則表示：「這是負責實驗的若山照彥教授在沒有檢驗過的老鼠中混入了雌鼠的關係。」並做了以下的說明：「至二〇一三年三月為止，我是隸屬於神戶理研若山研究室的研究員。因此，老鼠的收取並非是相隔兩地進行，而是在同一間研究室內。有關這一點，還請各位不要誤會。STAP幹細胞是經由長期培養STAP細胞而成的。負責長期培養及保管的，都是若山老師。因此，這期間是否有發生甚麼問題，我個人並不清楚。現存的STAP幹細胞全都是由若山老師培養出來的。」

簡言之，小保方表明自己並無過失，如有任何差錯都是神戶理研若山教授的問題，像這樣，將責任全都轉嫁到若山教授身上。

招攬小保方進理研的正是若山教授，也可說是她的恩人。甚至當STAP細胞被爆出有問題時，第一個建議她「應當撤下論文」的也是若山教授。然而，她竟然將一切問題都嫁禍給若山教授。

在透過辯護律師團做出說明前的記者會上，小保方一副憔悴含淚的模樣，但她的眼神看起來彷彿在述說「我可是受害者哪！」般。

小保方是否扮演了被世人圍攻的悲劇英雄——這亦可說是得以讓做作型者發揮真本領的角色？老實說，我們也無法否定那場鎂光燈閃個不停的記者會，就是小保方「正式舞台」的可能性。

「愛誇大」者感受到了騙人的喜悅嗎？

將自己奇蹟似地拍得比平常還帥氣的自拍照上傳到臉書，或是將媽媽做的便當照上傳到推特，並附上「今天起個大早做便當！」這看似便當是自己做的推文，像這樣，在SNS的世界中存在許多「愛誇大」的人。

他們很享受藉由誇大受人注目的喜樂，但所謂的「誇大」就是說謊，是種欺騙人的行為。因此，難免會有人懷疑：他們真的能從騙人這件事上感到喜悅嗎？

有關這部分，做作型者和自戀型者的感受是不一樣的。

做作型者會因自己的「誇大」受歡迎而感到喜悅，然而，這並不是說他們覺得騙人很開心。即便「誇大」被揭穿，但若能引發騷動，如同種種詐騙被揭發而盛大召開記者會的人那般受到萬般矚目，還是會覺得開心。只不過，要是誇大被揭穿，卻導致自己不再是眾所矚目的焦點時，最感到痛苦難耐的，也是這類型的人。

至於自戀型者，就算「誇大」被揭穿甚而激怒對方，他們也會告訴自己：「這是被騙的人自己太笨，我比他聰明多了。」藉此來滿足自愛。這就像是「想不到你還真被我騙了，你真的很笨耶」的感覺。

這也可說是他們藉由鄙視被騙的人來滿足自愛，從中獲得喜悅。而自戀型者所具有的「自大傲慢的態度」，以及「缺乏同理心」的特徵也在此呈現。

自戀的程度若再加重，就會發展成自戀型人格障礙的心病，進而可能導致一發不可收拾的嚴重事件。

這類人格障礙的特徵之一便是「占別人便宜以達到自己的目的」。例如，假設自戀型人格障礙者以各種誇大的說詞向人騙取金錢給自己花用。這便是所謂靠占人便宜好讓自己奢侈度日的例子。

真相一旦被對方揭穿，對方肯定會氣到不行，或許還會要求：「把我以前交給你的錢通通都還來！」

要是碰到像這樣的問題，自戀型人格障礙者有時乾脆就會殺了提出麻煩事的對方。因為比起一般人，他們對於殺人的抗拒感更顯得薄弱。當然，若說人們做了這樣的事，卻完全感受不到任何的內心苛責，那就是罹患了另一種人格障礙——「反社會型人格障礙（antisocial personality disorder）」。不過，在此對受害者缺乏同理心的行為表現，則可說是自戀型者人格障礙的特徵。

因為他們抱持著「我是特別的存在」、「我比任何人都偉大」的想法，為了自己可以毫不在乎地糟蹋他人，完全欠缺同理心，所以對於殺人的抗拒感自然也會比一般人來得薄弱。

當然，這是指自戀型人格障礙者會有的行為表現，並不同於自戀型者；但我們也無法否定自戀型者多少也具有自戀型人格障礙者的特徵。話雖如此，就日本境內來看，自戀型者的犯罪件數並不算多。

即便沒有導致犯罪，因其性格傾向本來就就對他人甚為冷淡，因此，對一般人而言，自戀型者確實是不易相處的對象。

說得更直率些，我個人認為做作型者是比自戀型者來得好相處多了。

因為自戀型者的冷淡及傲慢態度，容易讓人覺得倒胃口；至於做作型者的「戲劇性態度」或「誇張表現」等，有時從旁來看也會帶給人意外的歡樂。再者，對喜歡情感豐厚類型的人而言，做作型者較容易帶給人「難以生恨」的感覺吧（雖說覺得這類型者很惹人厭的人是越來越多了）。

在做作型社會上，該如何與「愛誇大」者相處？

做作型者其實不適合當騙子

「做作型者因為善於演戲，所以也很會騙人吧？」

或許有人會有這樣的想法。甚至認為他們很適合當騙子的，也大有人在。

「戲劇性態度」及「誇張的情感表現」的確都是做作型的特徵之一。

然而，戲劇性態度，或是又怒又哭又笑的誇張情感表現，說起來都是屬於戲劇型的誇大表現，並不適合當騙子。因為真正的騙子絕不會有讓人立即察覺有破綻的誇大表現。

日本人不同於歐美人，相較起表現誇大者，反倒更信任毫不起眼的人。

我以前在豐田汽車的銷售員研修課程擔任講師時，曾聽好幾位營業所所長說起這樣的事。他們說，比起話說得「口若懸河」的銷售員，技術維修員出身且說話樸實的銷售員更容易談成買賣。

肢體動作誇張且伶牙俐齒的銷售員，誠如字面上的意思，主要是靠精湛的話術，逐一列出車款的賣點，藉此來煽動顧客的購買欲望。相對於此，即便無法做出流暢的說明，但會藉由穿插「這款引擎其實是最令我嚮往的……」這類只有技術維修員才會有的看法，拚命做好說明的推銷員，更容易獲得顧客的信任，甚而開口表示：「那麼，我就接受你的推薦，決定買這款車了。」如此看來，在顧客面前容易怯場的銷售員，似乎反倒容易獲得對方的信任。

推銷員若是技術維修員出身的，當車子故障或有問題時，便能立即趕過來查看，當場做出如「會產生這種氣音的原因在於水幫浦」或「引擎室的異味是出自於皮帶的劣化」等正確的判斷，並協助維修。反之，若是表現誇張、話術精湛的做作型銷售員，因為欠缺技術維修方面的知識，有時根本幫不上忙（當然，豐田汽車的一般銷售員在技術維修這方面也都有做十分扎實的訓練）。

從上述的例子我們可得知，由於日本人對於樸實耿直者的信任更勝於善於演戲的做作型者，因此，被做作型者的誇大演技騙得團團轉的例子並不常見。

不過，若是選舉，應當是善於自我推銷的做作型者比較容易獲得選票。甚至被對方那裝模作樣的笑容騙得一楞一楞的，也大有人在吧。話雖如此，在以前，相較起在電視上說得口沫橫飛的候選人，反倒是如同純樸的鄉下老先生般的候選人更容易獲得選票。或許日本人正一點一滴地在改變吧。

另外，當場會被做作型者給騙了的人，若不是碰到計算縝密，心想：「話要這麼說，對方才會安心。」或是「在這場合，還是裝傻比較妥當。」的做作型者，就是碰到了擁有明確的指引手冊，並根據手冊來演戲的做作型者。日本人要是有所改變，或許就會像美國那樣，即便是面對面的銷售，也會由做作型者比較容易談成買賣（如電話銷售等似乎就有這般傾向）。

我個人認為，做作型者的演技或「誇大」，在與對方當面接觸的情況下，是很容易被揭穿的；至於在像SNS或網路世界那般，處處充滿「誇大」的世界中，那就不容易識破了。不過，頭腦好的做作型者有時也會「向下」（故意報低自己的學經歷）誇大，也很難斷言確實就是如此。

所以說，要進入「愛誇大者」橫行的ＳＮＳ世界前，一定要先知道在這個世界中是「存有許多騙子」的。

培養出對做作型者的免疫力

說起美國這個國家，若不懂得自我推銷或自我表現，就很難在社會上生存。甚至在商業領域，美國也十分看重表達能力。而近年來，日本對於表達能力似乎也越來越重視。

誠如先前所述，ＡＯ考試的擴大舉辦，讓自身表達能力優秀的學生比起紙筆測驗成績高的學生，更有機會考上大學。所以說，相較起拚命用功讀書的學生，滿腦子只想著：「該怎麼讓他人對自己有好印象？」並致力於專研自己的演技和「誇大」技巧的學生，反而更容易在這世界生存。

當這些通過ＡＯ考試的人不斷從大學畢業、進入職場，社會很快就會被這群做作型者滲透，因此，今後要在這世界生存，最重要的是，得先對做作型者有所了解。

誠如方才的例子所示，在日本，樸實耿直者比起做作型者，更容易獲得他人的信任。然而，當做作型者的人數不斷增多時，若沒有培養出對他們的免疫力，尤其是抱持著日本人傳統價值觀的人，勢必會在心理層面受到不少打擊。

例如，於現在這個時間點，若有年輕職員在做簡報時，如美國人般加了不少肢體動作來輔助演出，一定會有很多人對此甚感驚訝：「想不到他竟然能做到這般地步！」因為如此善於表達的人目前還不常見。

不過，在今後的時代，這類表現誇張的做法將成為理所當然，尤其在面對外國企業之際，比起以往的日本傳統簡報，這類華麗的簡報想必更能得到對方的肯定。

日本不善於做簡報是出了名的。其中一項原因乃是在於，其背後潛藏著日本人特有的「謙虛」及「保守」等美德。對日本了解甚深的「日本通」外國人，自然能夠理解。但若是對日本一無所知的外國人，根本不可能會懂嘴裡說著：「這是微不足道的小東西……」一面遞出高價土產的日本人心理。

這時候，如果能搭配肢體動作，強調說明：「這是很難買到手的○○產的最高級品喔。」一必定會比收下「微不足道的小東西」還令人感到開心。而能夠做到這類推銷的，絕不是樸實耿直的人，肯定是做作型者。

當然，看到做作型者所做的華麗簡報，或是在臉書及推特等SNS上看到過度自我推銷的貼文，相信也會有人感到不愉快。說實話，我自己本身對於做作型者們「誇大」的好也有許多不了解的地方。

話雖如此，若從做作型者不斷增加的社會變化來看，我們勢必得具有能夠接受他們的包容性。為此，我們也得培養出對他們的免疫力。

在現實生活中，一般人對於做作型者們的「誇大」程度，多半都是視之為謊言，也因為這樣，有時在人際關係上就比較容易產生問題。不過，做作型者大多屬於「雖說我喜歡受人注目，但我也希望大家能感到快樂、感到開心」這類型的人，就某層意義而言，他們也可說是服務精神旺盛的一群人吧。

我們不能只是否定他們，更重要的是，要對他們的個性有所了解，並且懂得以能辨別真偽的敏銳眼光來檢視他們的言行舉止。唯有能夠做到這些的人，才稱得上是具有社會適應力的人。

棲息在ＳＮＳ上的「憤怒」、「愛現欲」及「自卑感」

在利用ＳＮＳ的做作型者當中，有人會因為自己的「誇大」受歡迎而感到喜悅，也有人並非如此。

再者，若發現自己的貼文無人回應，甚至無人追蹤、無人按「讚」，也有人會因此而感到消沉或憤怒。因為，被他人無視，是做作型者們最討厭也是最難以忍受的一件事。

一般而言，他們為了不讓自己被無視，或許會更誇張地誇大自我，或是佯裝自己非常可憐，或是編造出完全虛構的故事。

除此之外，也有人為了讓自己受到矚目，不惜將平時不會讓人看到的「自我厭惡」、「自卑感」或「自己的恥辱」等攤在眾人面前，期望藉由自我揭露來吸引他人的目光。

誠如先前所述，阿德勒以目的論來說明人類的行動。若根據目的論來看，做作型者們便是一群為了「引人注目」這個目的，甚至能毫不在乎地揭露自己陰暗面的人們。因為唯有受到他人的注目，自己才有存在的價值。

會讓做作型者感到憤怒的情況有二。

一是自愛沒有被滿足的時候。例如，「我明明那麼努力在做，大家卻都視若無睹。」或是「為何沒有人願意關注我！」像這樣，在期待破滅，自尊心受到傷害時，他們就會感到憤怒。這也就是所謂的「自戀性憤怒（narcissistic rage）」。這在自戀型人格的人身上顯得更為激烈。因為自愛受到傷害而引發對所有人的憤怒，正是先前也曾提及的柯胡特所提出的基本概念。

而另一種憤怒，則是為了引人注目而發怒，或是為了獲得好評而發怒。這種憤怒跟某種來自受害意識的憤怒相同，都是屬於為了顯現自我的憤怒。

這就跟主張「我反對戰爭！」且語氣越是憤慨激昂，就越容易獲得好評，成為矚目焦點的情況是一樣的。不同於以往，現今的時代反而是誇張的表現較受歡迎。

至於自戀型者，當然也會有感到憤怒的時候。尤其是自戀性憤怒，在自戀型者身上表現得更是激烈。

基本上，自戀型者總認為自己是特別的存在，自己永遠都是對的，並且深信自己是個值得獲得讚賞的偉大人物。

因此，當他們遇到不會稱讚自己的人或是跟自己沒有共鳴的人時，便會認為「我被輕視了」或「我被愚弄了」而感到憤怒。

再者，當自己誇大的部分或有矛盾的地方被他人指出時，基於自戀型者自大傲慢的個性，不但不會低頭道歉，反倒會認為自己受了侮辱而大發脾氣。因為他們認為自己很偉大。又當被指出的點無法加以反駁時，他們就會轉移論點來攻擊對方。如此一來，自是無法好好進行討論。

總而言之，在SNS世界橫行的「愛誇大」者們，一方面藉由讓自己成為矚目焦點來滿足自愛，而另一方面，當無人關注自己時，便很容易失去冷靜，隨即陷入低落情緒中，或感到憤怒。

如果要認真跟他們這群情感起伏甚鉅的人相處，一般人肯定沒多久就會感到精疲力竭。因此，重要的是，要去了解他們。只要能夠了解他們經常在「誇大」的事，明白他們所具有的性格特徵，自然就可以避免跟他們爭鋒相對，而是以俯瞰的視角來看待他們。

「愛誇大」者不斷增多的將來

因為自己所下的毒自取滅亡，並波及身邊人們的宿命

在網路社會中，成名的風險是相當高的。就實際問題而言，知名度一提高，在網路上便受到批判或私生活慘遭揭露的例子可謂多不勝數。

剛以明星身分出道的女孩子一旦成了名，女主播一旦有了名氣，與學生時代情人的合照就會被公布在網路上；若再嚴重些，甚至連看似從吵架分手的前情人手中所流出的情色報復照片也會被惡意流傳。

至於透過ＳＮＳ或部落格成名的人們，也很容易遭受嫉妒，或無故遭人怨恨，而在網路上被大肆批評、嚴重中傷或飽受騷擾。

像這類的事的確很常在網路社會發生。那麼，「愛誇大」者究竟該如何面對這般風險呢？想必有人也會有這樣的疑問吧。由於他們「誇大了」自我，不可能從不擔心這份「誇大」何時會被揭穿。

夏恩Ｋ也是誇大了自己的學經歷，而從他在電視上流淚道歉的影像則可以看出，他不知自己的「誇大」何時會被揭穿而坐立不安的模樣。隨著名氣越高，日子越是過得膽戰心驚，害怕哪一天真相將會被攤在陽光下。

不過，我想夏恩Ｋ在成名之前，應該還不至於會那麼擔心自己的「誇大」被揭穿。因為沒有名氣的人不會遭到抨擊。除非出了名，才會有人想要來揭穿自己的「誇大」之事。或許就是因為這樣，他即便有所「誇大」依舊毫不在乎，久而久之感覺也就跟著麻痺了。然而，當知名度逐漸打響，越來越受到矚目時，知道自己過去往事的人，或是知道真相的人就會開始出聲表示：「那傢伙的學歷其實是……」或說：「他的經歷全是造假的，事實上……」像這樣，意圖揭穿那「被誇大」的部分。

在ＳＮＳ世界橫行的做作型者和自戀型者，都是為了引人注目而「被誇大」自我，而當他們藉此出了名、成了矚目的焦點後，這一次「誇大」倒是成了自己的束縛。當然，按「誇大」程度的不同，風險也有高有低。若是學經歷造假這類很快就會被揭穿的「誇大」，就像是不時抱著一顆定時炸彈般，根本無法安然度日。又如自己所經營的部落格越來越有名氣，即便是匿名發表，還是成了眾所皆知的名人。像這類名人，勢必也會有不少人想要來揭穿自己的「誇大」。所以說，即便沒有到演戲的地步，現今這個渴望成名、受人注目者眾多的時代，同時也是個真相容易被揭穿的高風險社會。

「愛誇大」者們所棲息的ＳＮＳ世界，或許可以讓人隨心所欲地誇大自我，藉此吸引他人的目光，但也別忘了，或許有那麼一天，自己將不得不親手揭下自己的「誇大」。

藉由誇大讓自己成為名人，就這樣到死都沒有被揭穿的美好人生，於現今的時代，大概是不大可能會有的。

充實內在的重要性更勝於外在

話說日本人最糟糕的地方，那便是對於一經推行的改革，都不知要重述要點。例如，於一九九九年起，富人所得稅的最高稅率從以往的六五％降至五〇％，當時這麼做的理由是：「富人手上若有錢就會想要投資，或是購買各種高價奢侈品，勢必有助於拉抬景氣。」

若從結果來看，僅有推行改革的那一年，日經平均指數達到約一萬三千日圓；到了年末雖然曾一度上升到一萬八千日圓，不過，三年後便降至約八千五百日圓。

就一般人的感覺而言，會做出「讓富人手上有錢，就算能短暫刺激經濟，於根本上對景氣提升根本毫無幫助」這般評斷也是理所當然。然而，在現實中卻沒有出現「既然失敗那就放棄吧」的回應，這項富人優待稅制甚至還拖拖拉拉地持續實施超過十年。而這段期間，誠如眾所周知的，國家債務甚至暴增至好幾百兆日圓。

另外，日本企業為了在全球競爭中闖出一片天，約於十年前便開始引進有成果主義之稱的美式人事制度。不過，這項新制度的引進，不僅沒讓景氣回升、創造出新產業，反倒使職場的人際關係出現摩擦，甚至使非正式雇用員工大幅增加，以致員工喪失工作動力。

明明事態已演變至此，卻不針對這項美式改革進行要點的重述，也無人提出「別再推行美式制度」的建言。

至於教育現場也有類似的事情發生。被揶揄為愚民化政策的寬裕教育表面上雖遭到廢除，但在這之前便已引進的觀點別學習評量的學校報告書中，紙筆測驗的比例卻異常地低。像這樣，無論是對容易「誇大」的熱情或態度給予高分的評量制度，還是同一時期所引進的綜合學習時間和推薦入學的自我宣傳等，即便成效不能說有多理想，卻仍成為現今日本教育改革的基本方針。而根據這項方針，大致上已決定自二〇二一年的春天起，包含東大在內，所有的大學都將改為施行含括在學期間之觀點別學習評量，以及大學入學面試等形式在內的ＡＯ考試，而大學入學中心的測驗也將引進綜合型問題。

誠如前述，由於日本教育從學力評量轉移到人性評量，以致學生越來越重視「他人對自己的看法」。

而另一方面，在成為年輕人根據地的SNS世界中，「愛誇大」者為了博得名氣，也瘋狂地「誇大」自我。到頭來，日本的教育反而促成了讓這群「愛誇大」者們大幅增加的機制。

「愛誇大」者容易出名、受人注目，「愛誇大」者被視為優秀人才，企業爭相採用——這般風潮若持續擴展，日本對「愛誇大」者有利的文化勢必也將持續維持。

美國第三十五任總統約翰・F・甘迺迪（John F. Kennedy），是一位能夠寫出好論文的優秀人才，唯獨口才不好。於是，遽聞他找了一位演說撰稿人（speechwriter），跟著他拚命練習，最後終於贏得了選戰。

擁有扎實內涵，但不善於表達的人，只要下工夫勤練表達方式就好。不過，沒有內涵的人無論再怎麼加強自己的表達方式，因為沒有內涵，根本不成對手。

若以演員為例來說明，應該更容易了解。好的演員若讓他飾演一流的科學家，看起來就像是一流的科學家；若讓他飾演一流的政治家，看起來就像是一流的政治家。甚至詮釋得比真正的科學家和政治家還來得傳神的例子也甚為常見。

話雖如此，好的演員即便能在螢幕上大為活躍，卻無法讓科學進步，也無法推行好的政策（在日本，藝人成為政治家並不稀奇。就算沒做出甚麼政績，因為他們很善於表達，所以有時也會讓人誤以為他們相當稱職）。無論外表有多麼相像，若缺乏實際的內涵，終究只是看起來十分相似罷了。

我們早已進入「愛誇大」者們十分猖獗的時代，可預見得到，如同紙老虎般的人必定將不斷增多。因此，我們今日在此應當回歸原點，別輕忽了「與其在乎表面看得到的，不如充實自己的內涵」的這般觀念。

以前的日本人是以內涵來決勝負，而非外表。這樣的日本人在戰敗後，不僅復興了殘破不堪的日本，甚至讓日本發展成可譽為經濟大國的強盛國家。

我們不該被「愛誇大」的時代潮流所淹沒，日本能否培育出可以內涵來決勝負的人民，勢必將對今後的日本造成莫大影響。

求關注、求分享、求被愛！

自分を「平気で盛る」人の正体

為什麼我們會變得誇大、自戀，渴望被崇拜？

「做作與自戀型人格」社會觀察報告

作 者｜和田秀樹
譯 者｜林仁惠
社 長｜陳蕙慧
副總編輯｜李欣蓉
責 編｜陳品潔
設 計｜日央設計
行銷企畫｜童敏瑋
讀書共和國集團社長｜郭重興
發行人兼出版總監｜曾大福

出 版｜木馬文化事業股份有限公司
發 行｜遠足文化事業股份有限公司
地 址｜231新北市新店區民權路108-3號8樓
電 話｜(02)2218-1417
傳 真｜(02)8667-1851
Email｜service@bookrep.com.tw
郵撥帳號｜19588272木馬文化事業股份有限公司
客服專線｜0800221029
法律顧問｜華洋國際專利商標事務所 蘇文生律師

印刷｜中原印刷股份有限公司
二版一刷｜2019年1月
定價｜300元

國家圖書館出版品預行編目(CIP)資料

求關注求分享求被愛 / 和田秀樹著. -- 二版. -- 新北市 : 木馬文化出版 : 遠足文化發行, 2019.01
面； 公分
譯自 : 自分を「平気で盛る」人の正体
ISBN 978-986-359-619-6(平裝)

1.人格心理學 2.自我心理學

173.75 107019935